考拉旅行　乐游全球

重磅旅游图书
《意大利攻略》新装升级
一如既往带您畅游意大利

意大利攻略

旅游行家亲历亲拍！
超美意大利热地大赏！

GUIDE

2016-2017
全彩升级版

《意大利攻略》编辑部 编著

华夏出版社
HUAXIA PUBLISHING HOUSE

目录 CONTENTS

意大利攻略

A 速度看意大利！	···009
B 速度去意大利！	···010
C 速度行意大利！	···020
D 速度玩意大利！	···024
E 速度赏意大利！	···026
F 速度买意大利！	···028
G 速度买意大利！	···030
H 速度吃意大利！	···032
I 速度游意大利！	···034

Part.1 罗马圆形竞技场 ···039

罗马圆形竞技场	···040
古罗马广场	···041
大竞技场	···041
君士坦丁凯旋门	···042
圣克莱门特教堂	···042
真理之口	···043
金宫	···043
Checchino dal 1887	···044
圣彼得镣铐教堂	···044
圣天使城堡	···045
国立古代美术馆	···045
奎里纳尔宫	···046
埃斯奎利诺广场	···046
波各赛美术馆	···047
奥林匹克运动场	···047
罗马音乐厅	···048
圣乔凡尼大教堂	···049
圣保罗大教堂	···049

Part.2 罗马共和广场 ···051

共和广场	···052
圣母玛利亚大教堂	···053
胜利圣母教堂	···053
四泉圣嘉禄堂	···054
Andrea海鲜老店	···054
天使圣母玛利亚教堂	···054
马西莫宫博物馆	···055
巴贝里尼广场	···055
巴贝里尼宫国家艺术馆	···056
特莱维喷泉	···056
威尼托街	···057
无垢圣母玛利亚教堂	···057
地下墓穴	···057

Part.3 罗马人民广场 ···059

人民广场	···060
Babington's Tea Rooms	···061
西班牙广场	···061
波波洛门	···062
Antica Enoteca di Via della Croce	···062
品奇欧公园	···062
Antico Caffe Greco	···063
圣山圣母教堂	···063

波波洛圣母堂	···064
奥古斯都墓	···064
奇迹圣母教堂	···064
圣三一教堂	···065
济慈·雪莱纪念馆	···065

Papa Giovanni	···074
法尔内塞宫	···074
密涅瓦的圣母教堂	···075
国立罗马博物馆	···075
圣安德烈教堂	···075

Part.4 罗马纳沃纳广场 ···067

纳沃纳广场	···068
Da Baffetto	···070
百花广场	···071
圣阿格尼斯教堂	···071
圣路易教堂	···072
万神殿	···072
Giolitti	···073
斯巴达美术馆	···073

Part.5 罗马越台伯河区 ···077

台伯河	···078
Ivo	···079
台伯利纳岛	···079
卢卡提诺	···080
Sebatini	···080
圣莎比娜教堂	···081
越台伯的圣母玛利亚教堂	···082
国立古典艺术馆	···082
越台伯河区	···083
保罗喷泉	···083
蒙特里欧的圣彼得教堂	···083

Part.6 罗马威尼斯广场 ···085

威尼斯广场	···086
图拉真广场	···087
卡比托利欧广场	···088

耶稣教堂	…088
阿根廷剧院	…089
马切罗剧院	…089

Part.7 罗马其他 …091

帕拉蒂尼山丘	…092
阿皮亚古道	…093
阿德里亚诺别墅	…093
卡拉卡拉浴场	…094
欧斯提亚古城	…095

Part.8 梵蒂冈 …097

圣彼得大教堂	…098
圣彼得广场	…099
梵蒂冈博物馆	…100
梵蒂冈花园	…101
拉斐尔画室	…102
西斯廷礼拜堂	…103

Part.9 米兰 …105

米兰大教堂	…106
维托里奥·埃马努埃莱二世拱廊	…107
斯卡拉歌剧院	…108
斯福尔采斯科城堡	…109
感恩圣母堂	…110
圣洛伦佐教堂	…111
圣安布罗基奥教堂	…111
安布洛其亚图书馆	…112
阿尔法·罗密欧历史博物馆	…112
王室别墅公园	…112
布雷拉画廊	…113
纪念墓园	…114
圣西罗球场	…114
达·芬奇科技博物馆	…115
波尔迪·佩佐利美术馆	…115
精品区	…116
蒙特拿破仑大街	…116
圣安德烈街	…117
史皮卡大街	…118
佩克食品店	…119
品红酒吧	…120
圣艾格咖啡小酒馆	…120
帕维亚	…120

曼托瓦	…121
克雷蒙纳	…122
西米欧尼	…123

Part.10 威尼斯 …125

圣马可广场	…126
圣马可大教堂	…127
时钟塔楼	…128
钟楼	…129
铸币厂	…129
总督府	…130
大运河	…131
叹息桥	…132
雷雅托桥	…133
奇迹圣母教堂	…134
摩尔人小广场	…134
利多岛	…135
哈利酒吧	…135
穆拉诺岛	…136
布拉诺岛	…137
黄金宫	…138
艺术学院美术馆	…139
圣特洛瓦索造船厂	…139
圣母小广场	…140
圣乔凡尼与保罗教堂	…140
斯拉夫人宫	…141
圣方济会荣耀圣母教堂	…141
雷佐尼科宫	…142
旧驿站老餐馆	…142
安康圣母教堂	…143
里奥托桥畔市场	…143
佩吉·古根海姆美术馆	…144
圣乔治·马乔雷教堂	…144
佛斯卡利宫	…145
葛拉西宫	…146
土耳其人仓库	…147
文德拉明宫	…147
犹太人区	…148
菜园圣母院	…149
威尼斯海洋历史博物馆	…150
圣保罗教堂	…150
佩沙罗宫	…151
维罗纳	…152
帕多瓦	…153

Part.11 佛罗伦萨 …155

乔托钟楼	…156
圣母百花大教堂	…157
领主广场	…158
韦奇奥宫	…158
乌菲兹美术馆	…159
巴杰罗宫国家博物馆	…160
圣天使报喜广场	…160
圣十字教堂	…161

圣洛伦佐教堂	…161
艺术学院美术馆	…162
美第奇-里卡迪宫	…163
美第奇礼拜堂	…164
新圣母玛利亚教堂	…165
皮蒂宫	…166
阿尔诺河老桥	…167
米开朗基罗广场	…167
米开朗基罗博物馆	…168
圣米利亚特教堂	…168
但丁故居	…169
圣灵教堂	…169

Part.12 比萨 …171

比萨大教堂	…172
比萨斜塔	…173
比萨大教堂广场	…173
骑士广场	…174
荆棘的圣母玛利亚教堂	…174
洗礼堂	…175
墓园	…175

Part.13 那不勒斯 …177

那不勒斯王宫	…178
圣洛伦佐马乔雷教堂	…179
新堡	…180
翁贝托一世拱廊	…180
横路区	…181
平民表决广场	…181
那不勒斯地下世界	…182
那不勒斯大教堂	…182
国立那不勒斯考古博物馆	…183
米格勒古老比萨屋	…183
圣卢西亚港	…183
圣艾尔莫城堡	…184
圣马蒂诺博物馆	…184
圣奇拉教堂	…184
卡波迪蒙美术馆	…185
那不勒斯蛋堡	…185

Part.14 热那亚 …187

热那亚君王宫	…188
加里波第大道	…189
热那亚王宫	…189
热那亚圣洛伦佐教堂	…190
法拉利广场	…190
五渔村	…191
热那亚港口	…191

Part.15 西西里 …193

巴勒莫诺曼王宫	…194
巴勒莫大教堂	…195
喜舍圣乔凡尼教堂	…195

拉马尔特拉纳教堂	…195	索伦托	…220
圣卡塔尔德教堂	…196	庞贝古城	…221
维契里亚市场	…196	卡普里岛	…221
西西里地方美术馆	…196	阿玛尔菲海岸	…222
巴勒莫四拐角	…197	巴里主教堂	…222
王室山	…197	圣尼古拉教堂	…223
马西莫剧院	…198	特拉尼主教堂	…223
蒙黛罗	…198	卡密内教堂	…224
阿格里真托	…199	蒙特城堡	…224
尼阿波利考古公园	…200	圣十字教堂	…225
圣乔凡尼教堂墓窖	…201	圣彼得小教堂	…225
保罗·欧西考古学博物馆	…201	卡罗五世城堡	…226
流泪圣母教堂	…202	奥特兰托主教堂	…226
阿波罗神殿	…203	莱切主教堂广场	…227
阿基米德广场	…204	圣施洗约翰主教堂	…228
锡拉库萨主教堂	…205	伊布拉旧区	…228
锡拉库萨主教堂广场	…205	阶梯圣母教堂	…229
阿蕾杜莎之泉	…206	卡塔尼亚鱼市场	…229
翁贝托一世大道	…206		
古希腊剧场	…207		
美丽之岛	…207		

Part.16 意大利其他 …209

博洛尼亚阿尔基金纳西奥宫	…210
博洛尼亚双塔	…211
赞伯尼大道	…212
圣多明尼哥教堂	…213
圣斯蒂法诺教堂	…213
帕尔马	…214
拉文纳	…215
圣马力诺	…216
都灵城堡广场	…216
都灵大教堂	…217
安托内利尖塔与国家电影博物馆	…217
瓦伦蒂诺公园	…218
佩鲁贾执政官宫	…219
佩鲁贾主教堂	…219
阿西西	…220

Part.17 索引 …230

意大利
攻略HOW

好玩 好买 好吃

A 速度看意大利！

ITALY HOW

意大利推荐

① 印象

位于欧洲南部的意大利地处亚平宁半岛上，狭长的形状宛若一只长筒靴。作为古代罗马帝国的发祥地，意大利在14~15世纪曾经空前繁荣，被誉为"欧洲文艺复兴的摇篮"。意大利的首都罗马从8世纪开始就是天主教世界的中心，其他著名的城市有米兰、威尼斯、佛罗伦萨、那不勒斯、都灵、热那亚、巴勒莫等。意大利南北风光截然不同：北部的阿尔卑斯山区终年积雪、风姿绰约；南部的西西里岛阳光充足而又清爽宜人。一年四季，意大利的任何角落，都不会令人失望。

② 地理

位于欧洲南部的意大利主要由亚平宁半岛和两个位于地中海中的大岛（西西里岛和萨丁岛）组成，国土面积约为30万平方公里。意大利全境4/5为丘陵地带，北部有阿尔卑斯山脉，中部有亚平宁山脉。意、法边境的勃朗峰海拔4810米，是欧洲第二高峰。亚平宁半岛西侧的维苏威火山和西西里岛上的埃特纳火山是欧洲闻名的火山，其中埃特纳火山是欧洲最大的活火山。发源于阿尔卑斯山南坡的波河是意大利最长的河流，较大的湖泊有加尔达湖、马焦雷湖和科摩湖。

③ 气候

意大利大部分地区属亚热带地中海气候，年平均气温1月为2℃~10℃，7月为23℃~26℃，年平均降水量500~1000毫米。

④ 区划

意大利全国划分为皮埃蒙特、瓦莱达奥斯塔、伦巴第、特伦蒂诺上-阿迪杰、威尼托、弗留利-威尼斯朱利亚、利古里亚、艾米利亚-罗马涅、托斯卡纳、翁布里亚、拉齐奥、马尔凯、阿布鲁齐、莫利塞、坎帕尼亚、普利亚、巴西利卡塔、卡拉布里亚、西西里岛、撒丁岛共20个行政区。

⑤ 人口

意大利约有人口6100万。

⑥ 国花

国花为雏菊。

⑦ 国石

国石为珊瑚。

B 速度去意大利！
ITALY HOW

❶ 如何办理赴意旅游观光手续及注意事项

中国公民前往意大利旅游需要在意大利驻华使馆申请申根签证，如果同时还要前往其他国家观光旅游，根据在卢森堡签署的申根协议，需将意大利设为在欧行程中第一个入境国家或逗留时间最长的国家。此外，圣马力诺、梵蒂冈等袖珍国家可凭申根签证随意前往，与意大利国境间并没有边境检查。申请意大利申根签证具体办理手续如下：

个人意大利旅游（个人游）	
申请资格	全国所有地区的公民
所需材料	1. 用英文或意大利文填写完整并签名（接受用拼音签名）的申请表； 2. 两张4×3.5厘米、白色背景的近照； 3. 护照需签名且在签证到期后至少有90天有效期； 4. 往返机票预订单； 5. 酒店确认单（整个行程）或者意大利担保人的担保信（原件）及担保人的身份证；酒店如果是在网上预订的，请把酒店网址链接一并打印出来，如果是从酒店直接预订的，需要附有酒店盖章和负责人签字； 6. 所有行程的资料：包括火车票、飞机票、船票、国际驾照等等，以及英文的具体行程； 7. 暂住地的资金证明：信用卡或储蓄卡需附有信用额度的、最近三个月有消费的对账单或者申请人个人银行活期存款，需附有最近三个月记录（以上材料需提交原件及复印件）； 8. 申请人户口本原件和复印件； 9. 申请人在职及准假证明：中国公司用公司抬头纸出具英文信函，带公章，有签发证明信的负责人签名，内容包括公司地址、电话、传真号码，申请人的职位、薪水、在公司任职时间、在意大利（或申根地区）的具体时间，担保返回中国，签发负责人的机打拼音名字、职位； A. 如果是无业、已婚的：配偶的在职证明与资金证明，加结婚证带单认证； B. 如果是单身、离婚或丧偶的：需提供辅助资产证明； C. 如果是学生：需提供学生证、在读证明原件（内容包括学校地址、电话号码、同意出国、签发负责人名字与职务）、与亲属关系单认证； 10. 资格证书（医生、老师、记者等等）原件与复印件； 11. 中国公司带年检的营业执照复印件，加盖公章； 12. 最低保额3万欧元的境外医疗保险，参保时间至少为30天（原件及复印件，必须在申根国家有效）； 13. 暂住证原件及复印件（至少已经注册6个月）； 14. 申请人护照及所有签证（如有）的复印件。
其他辅助材料	1. 房产证、驾驶证（如有）原件及复印件； 2. 退休证（如有）原件及复印件； 3. 结婚证原件及复印件（当申请人和担保人已经结婚）； 4. 出生证原件和复印件，翻译成意大利文并经中国外交部认证（当担保人是申请人的子女）； 5. 工资条原件和复印件； 6. 当申请人未满18岁，提交出生证原件和复印件，翻译成意大利文并经中国外交部认证，父母许可其出国旅行（经中国外交部认证或在使馆填写的表格），若其父母已去世，需提交由中国外交部认证的死亡证明。

停留时间	根据申请时的日程安排而定,最长不超过90天
所需费用	60欧元
注意事项	1.申请签证时一定要与真实情况相符,否则若是在申请过程中被发现,可能会被永久拒签。 2.申请签证准备材料时,最好认真、严格、细致地准备,这样通过的成功率更高。 3.申根签证有几次进出申根国家的限制,请事先了解清楚,以免到时无法入境。 4.大使馆会通知面试,面试的时候可以使用意大利语,如果意大利语不好的话可以用汉语回答,不会因此影响签证的成功率。 5.在办理签证之前,最好先向意大利驻华使领馆以电话或通过其网页查询相关要求,以免准备不全。 6.在领区内居住6个月以上的中国公民及外国人如申请意大利签证,可亲自或通过代理于周一至周五8:00—15:00到意大利签证申请中心(IVAC)提交申请; 7.申请人必须亲自到使馆进行面签。面签当天,建议申请人在约定面试时间15分钟前到达使馆签证处,如无法如约而至,申请人则需要另作预约。

*上述介绍仅供参考,具体申请手续以当地有关部门公布的规定为准。

❷ 出入境须知

1.进入意大利时,成人携带超过175欧元、未成年人携带超过90欧元的消费品,需要报关,超过限额时,需要缴税。

2.意大利海关对烟草、酒类、香水类产品的商品数都要求限额,200支以内香烟、或100支以内卷烟、或50支以内的雪茄、或250g以内的烟草可免税; 1L以内的烈酒、或2L以内的葡萄酒、或50g以内的香水可免税;500g以内的咖啡、100g以内的茶叶都可免税,超过限额的,须报关缴税。

3.进入意大利时,携带超过10329欧元的有价证券和货币时,需要报关。

4.注射过狂犬疫苗的狗、猫,有意大利承认的身体健康证明书即可入关;鸟类、鱼类、龟类等动物入关时需要身体

附：意大利 个人旅游签证申请审核表

Checklist for Tourist Application –Individuals
个人旅游签证申请审核表
Turismo- viaggi individuali

Name: _____ （姓　名/Nome e Cognome）	Purpose of Visit: _____ （访问目的/ Finalita' del viaggio）
	Contact No.: _____ （联系电话/Tel）
Passport Number: _____ （护照号/Numero di passaporto）	E-mail Address:_____ （邮件地址/Indirizzo e-mail）

	Documents/主要材料/Documenti necessari	Yes/有/Si'?	No/没有/No?	Validity/有效期/Validita'
1.	Visa Application form duly filled in English or Italian signed (pinyin is accepted) by the applicant 将申请表用英文或意大利文填写完整并签名（接受用拼音签名） Il modulo di richiesta visto debitamente compilato in inglese o italiano e firmato (il pinyin è accettato) dal richiedente			
2.	Two recent photograph ICAO format (white background, 4X3.5 cm) 两张 4X3.5 厘米,白色背景的近照 Due fotografie recenti in formato ICAO（sfondo bianco，4X3.5cm）			
3.	Valid passport with validity of at least 90 days after expiration of visa requested; duly signed. Passports issued prior to 10 years will not be accepted 护照需签名且在签证到期后至少有 90 天有效期。护照签发不超过 10 年 Passaporto valido con validità di almeno 90 giorni oltre la scadenza del visto richiesto; debitamente firmato; Non si accettano passaporti rilasciati da piu' di 10 anni			
4.	Round Trip air ticket booking 往返机票预订单 Prenotazione aereo andata /ritorno			
5.	Confirmed hotel booking (for the whole duration of the trip). If it is done in Internet, please copy the link on the bottom of the page. If it is done by the hotel, please notice that the stamp of the hotel and a signature are requested. **The cancelation of the hotel booking can cause refusal.** 酒店确认单（整个行程）.酒店预订单如果是在网上预定的，请把酒店网址链接一并打印出来。如果是从酒店直接预订的，需要附有酒店盖章和负责人签字。如果您取消酒店的订单将可能是拒签的原因。 La prenotazione confermata di hotel (per la durata di tutto il viaggio). Se la prenotazione ' fatta per Internet, copiare il link in fondo alla pagina. Se fatta dall'hotel, sono richiesti il timbro dell'hotel e la firma del responsabile. **La cancellazione della prenotazione alberghiera puo' comportare rifiuto.**			

012

6.	Documents providing clear evidences about your travel program (booking transportation, itinerary...) 所有行程的资料：包括 火车票，飞机票，船票， 国际驾照 等等，英文的具体行程 Documenti che certifichino chiaramente il programma di viaggio (prenotazioni aeree, treni; itinerario...)			
7.	Proof of economic situation in the country of residence: statement of the last three months of the bank account or of the credit card with limit indicated or of the debit card of the applicant. 资金证明：信用卡或储蓄卡需附有信用额度的最近三个月有消费的对帐单或者申请人个人银行活期存款，需附有最近三个月记录及卡的复印件。(以上材料需原件及复印件)。 Dimostrazione della situazione economica nel paese di residenza: estratto conto degli ultimi tre mesi del conto corrente personale o della carta di credito con limite indicato o di debito del richiedente.			
8.	Applicants' Family book in photocopy 申请人户口簿复印件 Registrazione anagrafica in fotocopia			
9.	Evidence of applicant's employment and company's Original Approved letter for leave: letter from Chinese company in English drafted on headed paper, bearing the stamp and signature of the person responsible of issuing the letter. It should contain the address, the phone and fax number of the company, the position held by the applicant, the salary, the years of service, the departure and arrival dates and guarantee of re-entry in China, the name and position in the employing company of the countersigning officer. **For unemployed adults: If married**: letter of employment and last three months of bank statemnet of the spouse and the notary certificate of marriage legalized by the Chinese Ministry of Foreign Affairs. **If single/divorced/widower**: Any other proof of regular income. **If students**: Student card and original letter of the school with the full addrees, telephone number of the school, permission for absence, name and function of the person giving the permission. Employment letter and last three months of bank statement of both parents and relationship certificate notarized and legalized by the Chinese Ministry of Foreign Affairs. 申请人在职及准假证明：中国公司的英文信函，用公司抬头纸，带公章和有签发证明信的负责人签名。要包括公司地址，电话，传真号码，申请人的职位，薪水，在公司任职时间，在意大利（或申根地区）的具体时间，担保返回中国，签发负责人的机打拼音名字，职位。 **如果无业：结婚的：**配偶的在职证明与最近三个月的对账单或流水单，加结婚证的中国外交部单认证 **如单身、离婚，丧偶：**需要提供辅助资产证明			

	如学生：学生证与原件在读证明（学校地址，电话号，同意出国，签发负责人名字与职务。父母双方的在职证明与最近的三个月的对账单或银行流水单加亲属关系中国外交部认证。 Attestazione di impiego del candidato e lettera dell'azienda che approvi il permesso a partire. Lettera dell'azienda cinese in inglese (originale) su carta intestata, con il timbro e la firma della persona responsabile della redazione della lettera. Deve contenere l'indirizzo, il telefono e il numero di fax dell'azienda, la posizione ricoperta dal candidato, lo stipendio, l'anzianita' maturata nell'azienda, le date di partenza e rientro, la garanzia di rientro in Cina **Per disoccupati**: Se sposati: Lettera di impiego e ultimi tre mesi di estratto conto del coniuge piu' il certificato di matrimonio legalizzato dal Ministero degli Affari Esteri cinese. **Se single/divorziato/vedovo/vedova**: qualunque altra prova di entrate **Se studenti**: tesserino dello studente e lettera della scuola con l'indirizzo completo, il numero di telefono della scuola, il permesso di assenza, il nome e il ruolo della persona che firma il permesso. Lettera di impiego e ultimi tre mesi di estratto conto di entrambi i genitori e certificato di parentela notarizzato e legalizzato dal Ministero degli Affari Esteri cinese.			
10.	If enrolled in a professional order (doctor, journalist, teacher...), professional license card 资格证书（医生，老师，记者等等）复印件 Se iscritto in qualche albo professionale (medico, giornalista, insegnante...) tesserino in fotocopia			
11.	Copy of the business licence with original stamp of the employing company 中国公司的带年检的营业执照复印件带红色公章 Fotocopia con timbro in originale della visura camer della azienda di impiego			
12.	Overseas Medical Insurance for the period of stay with minimum coverage of Euro 30,000 for urgent hospitalization or re-entry expenses (to be shown in original plus photocopy and must be valid in Schengen country) 境外医疗覆盖整个行程的保险,最低保额3万欧元,(原件及复印件，必须在申根国家有效) Assicurazione sanitaria per tutto il periodo di soggiorno avente una copertura minima di €30.000 per le spese per il ricovero ospedaliero d'urgenza e le spese di rimpatrio (originale e copia, deve essere valido nei paesi Schengen)			
13.	**If applicant is under 18**, Birth Certificate (copy and original) translated in Italian and legalized by Ministry of Foreign Affairs; permission to expatriate by both parents in original and copy legalized by Chinese Ministry of Foreign Affairs in case the child travels alone; by the natural parent who does not accompanies the child, if travels with only one of the two natural parents. If one of the parents passed away, death certificate legalized by Chinese Ministry of Foreign Affairs is necessary. 当申请人未满18岁，提交出生证（原件及复印件）			

	翻译成意大利文并被中国外交部认证. 父母许可其出国旅行被中国外交部认证：如果未成年人单独旅游，需要双方的同意出行函；如果未成年人与父母一方旅行，需要另一方的同意出行函。若其父母已去世，需提交被中国外交部认证的死亡证明。**Se il richiedente è minorenne** (sotto i 18 anni), Certificato di nascita (fotocopia e originale) tradotto in italiano e legalizzato da Ministro degli Affari Esteri cinese; il permesso di entrambi i genitori ad espatriare in originale e copia legalizzato dal Ministero degli Esteri cinese nel caso in cui il minore viaggi solo; da parte del genitore che non accompagna il minore durante il viaggio nel caso il minore viaggi con uno solo dei genitori naturali. Nel caso uno dei genitori fosse deceduto, e' necessario il certificato di morte legalizzato dal Ministro degli Affari Eesteri Cinesi.			
14.	Copy of applicant's passport (two copies of the page with the picture, two copies of the page with the signature) and Schengen visas, if any. 申请人护照首尾页两份复印件及所有申根国家签证（如有）的复印件 Copia del passaporto (due copie della pagina con la foto, due copie della pagina con la firma) e di eventuali visti Schengen ricevuti in passato.			

	Supporting Documents/辅助材料/Documenti di supporto	Yes/有/Si'?	No/没有/Non?	Validity/有效期/Data validata
1.	Certificate of House, Car Property 房产证，行驶证（如有 Certificato della proprieta' di casa, dell'auto			
2.	Certificate of Retirement 退休证 Certificato di pensione			
3.	Certificate of Marriage (Original and photocopy) 结婚证（原件及复印件）（当申请人和担保人已经结婚） Certificato di matrimonio (Originale e fotocopia)			Cancellare se sposato con lo sponsor
4.	Salary Slips (photocopy and original) 工资条（原件和复印件） Statino paga (fotocopia e originale)			

Attention/请注意/Attenzione:
Proof of economic means during the period of stay in Schengen area will be required when at customs.
在申根地区停留期间的资金证明将在到达海关时被要求出示。
La prova dei mezzi di sostentamento nel corso del periodo di permanenza nel territorio Schengen potra' essere richiesta all'arrivo in dogana.

Inquiry Officer to delete as appropriate
资料审核员根据适用情况选择 L'operatore annota:
1. The applicant has confirmed that s/he has no other documents to submit
   申请人已经确认她/他不提交其他文件　或者
   Il candidato ha confermato che non ha altri documenti da sottoporre
2. The applicant has submitted the supporting documents above. I have advised him / her that failure to submit all necessary documents may result in the application being refused, but s/he has chosen to proceed with the application.
   申请人已经递交了上述文件，我已通知其不提交所有必要文件会导致被拒签，但其选择继续提交申请。
   Il candidato ha presentato i documenti di comprovazione di cui sopra, e' stato informato che l'omissione nel presentare tutti i documenti necessari può causare il rifiuto della richiesta, e ha scelto procedere all'applicazione con la richiesta.

VISA Fee（签证费）		NAME OF TRAVEL AGENT 代理名称	
Service Fee（服务费）		ADDRESS 地址	
Courier Fee (If any)快递费（如选）			
Other Fees（其他费用）		TEL/电话	

Name & Signature of Inquiry Officer
（资料审核员签名/ Firma dell'operatore）

Date/日期/Data

Applicant's Signature（申请人签名/Firma di richiedente）

意大利推荐

证明书并接受身体检查，即可通关；植物入关需要符合《华盛顿条约》的规定。

5.凡属于《华盛顿条约》中受保护的珍稀动植物，不允许进关，违者根据情节轻重处以相应的罚款。

6.武器是不允许入关的，没有许可证的刀剑、枪支等海关代为保管，超过50年的文物须经过鉴定才可出关。

3 签证申请审核表

意大利个人旅游签证申请审核表，下载地址：http://www.italyvac.cn/chineese/pdf/Tourism_apr_14_17_04_14.pdf

探亲访友签证申请审核表：http://www.italyvac.cn/chineese/pdf/Family_Visit_271014.pdf

欧盟亲属-旅游：http://www.italyvac.cn/chineese/pdf/EU_relatives_Tourism_271014.pdf

工作签证申请：http://www.italyvac.cn/chineese/pdf/Work_apr_14_17_04_14.pdf

学习签证申请（18岁以上学生入学语言和技术课程）：http://www.italyvac.cn/chineese/pdf/Study_(Enrolment_in_Language_and_Technical_Schools)_240914.pdf

学习签证申请（意大利奖学金学生和意大利政府推广的学习项目）：http://www.italyvac.cn/chineese/pdf/Study_(grants_and_Gov_programs)_240914.pdf

学习签证申请（马可波罗、图兰多）：http://www.italyvac.cn/chineese/pdf/study_marco_polo_turandot_111014.pdf

医疗签证申请：http://www.italyvac.cn/chineese/pdf/Medical_Treatement_apr_14_17_04_14.pdf

ADS旅游签证申请：http://www.italyvac.cn/chineese/pdf/ADS_apr_14_17_04_14.pdf

过境签证申请：http://www.italyvac.cn/chineese/pdf/Transit_100614.pdf

商务签证申请-经济贸易界人士：http://www.italyvac.cn/chineese/pdf/Business_271014.pdf

商务签证申请-自由贸易协会：http://www.italyvac.cn/chineese/pdf/Business_ICE_271014.pdf

4 签证申请表

用于北京大使馆（面向在北京、新疆、西藏、青海、甘肃、宁夏、内蒙古、黑龙江、吉林、辽宁、天津、山西、陕西、河北、山东、河南、湖北、江西、湖南、四川、重庆、贵州以及云南省居住的申请人）。

申根签证申请表（90天内）下载表格网址：http://www.italyvac.cn/chineese/pdf/Schengen_VAF_240913.pdf

国家签证申请表（超过90天）下载表格网址：http://www.italyvac.cn/chineese/pdf/National_VAF_240913.pdf

5 邀请函表格

商务：根据意大利使馆要求，意大利签证中心可以受理商务邀请函的复印件。如果意大利邀请公司不能出具邀请函原件，必须将邀请函以附件形式(PDF格式)由意大利邀请公司的电子邮箱发送到infopek.italycn@vfshelpline.com 与 inviti.pechino@esteri.it 邮箱，要求e-mail的主题要写明"Business invitation letter"，如没注明，意大利签证中心不予受理。如果邀请函从非企业邮箱发出，签证中心只能接收邀请信

017

原件。

旅游和欧盟团聚：旅游和欧盟团聚邀请函只能是原件。邀请人需把原件送寄给申请人。

旅游邀请函（意大利语）：http://www.italyvac.cn/chineese/pdf/Invito_turismo_sep_14.pdf

旅游邀请函（英文）：http://www.italyvac.cn/chineese/pdf/Tourism_invitation_sep_14.pdf

商务邀请函（意大利语）：http://www.italyvac.cn/chineese/pdf/Invito_per_Affari_10.09.13.pdf

商务邀请函（英文）：http://www.italyvac.cn/chineese/pdf/Business_Invitation_Letter_10.09.13.pdf

欧盟团聚邀请函-孩子或父母：http://www.italyvac.cn/chineese/pdf/EU_Family_Reunion_declaration-children_and_parents_10.09.13.pdf

欧盟团聚邀请函-配偶：http://www.italyvac.cn/chineese/pdf/EU_Family_Reunion_declaration-spouse_10.09.13.pdf

❻ 签证申请中心服务费

个人申请服务费每人人民币180元
ADS团队申请服务费每人人民币115元
快递费——每份申请人民币50元
复印费——每张人民币1元
照片费——每版人民币35元

❼ 意大利驻中国使领馆

意大利驻北京大使馆
地址：北京市朝阳区工人体育场北路13号院1号楼2层211-212室(意大利签证申请中心)
邮编：100600
网址：http://www.ambpechino.esteri.it
办公时间：个人签证递交材料：8:00—15:00
　　　　　ADS团队签证递交材料：8:00—11:00
　　　　　取护照、电话咨询：8:00—17:00
签证办公室：
传真：010-65325724
电话：010-85327600
电子邮件：visti.pechino@esteri.it

意大利驻上海总领事馆
地址：上海市徐家汇路555号广发3楼（意大利签证中心）
邮编：200023
网址：http://www.consshanghai.esteri.it/Consolato_Shanghai
办公时间：周一至周五（除节假日外）
递交申请时间：8:00—15:00
领取护照时间：8:00—17:00
客服热线时间：8:00—17:00
电话：021-63901803、021-63901937
电子邮件：infosha.italycn@vfshelpline.com

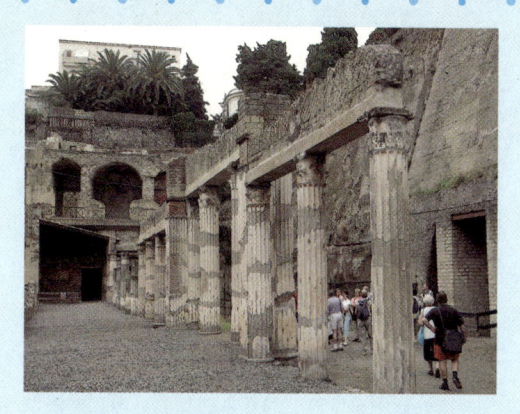

意大利驻广州总领事馆

地址：广州市天河区广州大道中988号圣丰广场2楼05-06室

邮编：510620

网址：http://www.conscanton.esteri.it/Consolato_canton

申请受理时间：8:00—15:00 (周一至周五，周六、日及法定节假日除外)。ADS申请，请于上午10点前到中心递交。5人或5人以上的申请，请于下午1点之前到中心递交。工作签证或家庭团聚签证申请，请于上午10:30之前到中心递交。

领取护照时间：8:00—17:00 (周一至周五，周六、日及法定节假日除外)

咨询电话：020-38784008

电子邮件：infocan.italycn@vfshelpline.com

其他有用的网址

1. 外交部 - www.esteri.it/visti/
2. 意大利国家旅游局 - www.enit.it
3. 意大利驻北京大使馆文化中心 - www.italcultbeijing.org
4. 意大利工商会 - www.cameraitacina.com
5. 意大利对外贸易委员会 - www.italtrade.com/countries/asia/china/index.htm
6. 留学意大利 - www.studyinitaly.cn

在意大利需要注意的旅行生活常识

由于人民币在意大利属于非流通货币，中国游客需要在酒店、旅行社、机场或银行等地将人民币兑换成欧元。中国游客在意大利标有TAXFREE SYSTEM标志的商店购物，购物金额达到一定数额后，可以在罗马机场的汇兑窗口将商品名称、价格、自己的护照号码记在退税申请书上，并出示商品发票，在离境时向海关出示发票和商品检验盖章，即可在海关前的银行汇兑处办理退税。

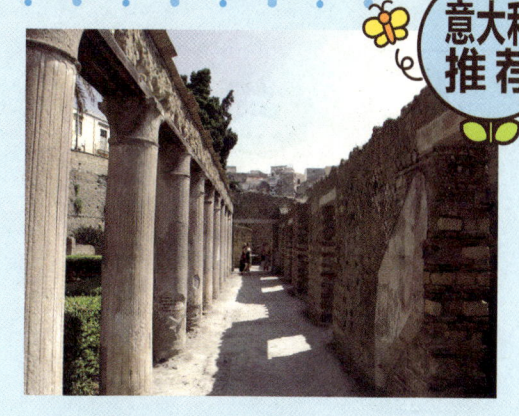

游人在意大利旅游需要注意保管好自己的财物，意大利的知名观光景点或餐厅、博物馆、酒店大堂、百货公司等人多的地方，经常会有针对亚洲尤其是中国游客的小偷，注意出行不要携带太多现金，也不要将财物暴露于大庭广众之下，夜晚尽量结伴出行，防止发生意外。此外，在意大利的餐馆、旅馆结账时账单都已包含服务费，如果对其服务表示满意和赞赏，可另付小费。

常用电话

宪兵队：112

警察局：113

火警：115

公路急救电话：116

医疗急救：118

报时：161

国际电话台：170

电报：186

公路抢险：803803

ACI不定期船的咨询：06-4212

意大利航空国际线预约：02-26852

意大利航空国内线预约：02-26851

中国驻意大利使馆：0039-06-8413458

019

C 速度行 意大利！
ITALY HOW

① 航空
罗马和米兰是意大利的主要国际航空港，每天有来自全世界各个国家的航班起落，通常是境外游客计划意大利行程的起点和终点。由于意大利地形狭长，游人在意大利境内跨越南北全境的旅行乘飞机最为方便。意大利的国内航线主要由Alitalia航空、Aerotrasporti Italiani航空、Alialia航空经营，罗马、米兰、热那亚、威尼斯、撒丁岛、那不勒斯等各大城市均有机场。

② 铁路
意大利铁路网是欧洲铁路网的一部分，到欧洲各主要都市的国际特快列车在意大利的罗马、米兰、威尼斯、佛罗伦萨等都有主要停靠站，包括欧洲城市特快、欧洲夜车、国际高速列车。意大利国内的列车误点率很高，意大利南部的列车速度也比北部慢。

③ 公路
意大利的公路状况良好，长途汽车站通常位于市中心交通最方便的地方，游人在意大利旅行可以选择搭乘城市间的长途公交车——虽然舒适性、速度和时间上相比火车和飞机有很大差距，但频繁的班次和便宜的票价颇适合背包客短途及城市周边游玩。

④ 水运
地处亚平宁半岛上的意大利三面环海，水运发达，除前往意大利国内的西西里岛、撒丁岛等周边岛屿外，还有连接意大利和希腊之间的航线，可体验在地中海游览的乐趣。游人持欧洲火车通行证搭乘意大利—希腊航线，只需要支付6欧元的入港税，使用客舱也可享有25%的优惠。

⑤ 罗马交通

火车
罗马的特米尼车站是意大利的铁路枢纽之一，从罗马乘火车到米兰需4.5小时左右，到威尼斯需5小时左右，到佛罗伦萨2小时左右，到那不勒斯3小时左右，车次很多；到南端的西西里岛则有夕发晨至的夜车；此外，从法国巴黎、瑞士洛桑等地都有开往罗马的国际列车。意大利火车有很多不同种类的优惠卡，游人可以根据实际需要选择国内或国际、不同天数的卡。

长途巴士
游人从罗马市内前往周边的拉齐奥大区旅行可以选择乘坐短途巴士。相对火车和飞机，也可以选择票价最便宜的长途巴士，从罗马开往米兰行程约7小时。此外，欧洲著名的长途巴士联盟有从罗马到比利时、荷兰、瑞士、德国、法国等欧洲主要国家的线

意大利推荐

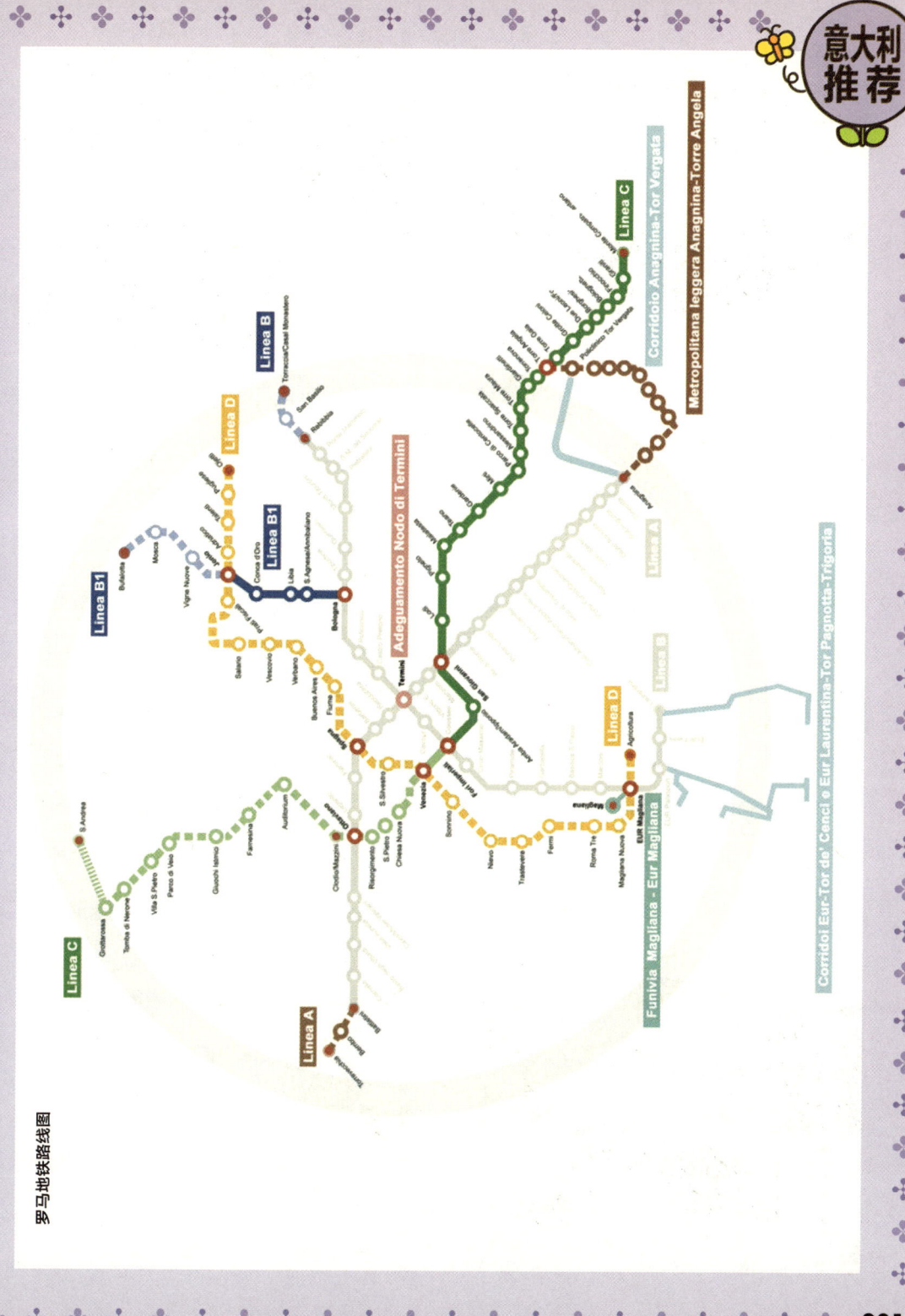

罗马地铁路线图

路，但中途经常需要转车，不过游人购买欧洲巴士通票便可在中途站点随意上下车，非常便捷。

出租车

罗马正规的出租车都是白色或黄色的，在路上很少有空驶的出租车，游人可以在机场、火车站、景点以及市中心广场上的固定停车站等候出租车，也可以电话预约，但车费需要从出发地算起。罗马出租车起步价为2.33欧元，之后以0.11欧元的幅度递增，22:00—次日7:00起步价4.91欧元，周日、节日起步价3.36欧元，大行李每件1.04欧元，外环高速路1.29欧元/公里，内环0.78欧元/公里。

公交车

罗马的公交网络非常发达，橘色的市内公交车行驶时间是5:30—24:00，线路很密集，几乎涵盖整个市区。116、117路电车在古迹密集的市中心环线行驶，夜间公交车行驶时间是0:10—5:30，编号上标有字母"N"。此外，罗马还有一种蓝色的旅游巴士，团队游客必须乘坐这种巴士，虽然票价比一般公交车贵，但可以直接前往各个景点，非常方便。

地铁

罗马有两条在特米尼车站交会的地铁线路，分别是橘色的A线和蓝色的B线。罗马地铁的标志是红底白色的字母"M"，非常醒目，地铁运行时间为5:30—23:30，周六延长至凌晨0:30，车次频密。值得一提的是，罗马的地铁年代较早，设施在欧洲算比较简陋的，车厢外布满涂鸦。

❻ 米兰交通

火车

作为意大利第二大城市的米兰共有8座火车站，人流量大的是中央车站、Cadorna车站和Garibaldi车站。此外，需要游人注意的是，米兰的铁路有两套不同系统，分别是FS和FNM，线路和车站都不共用。在购票时一定要看清目的地车站属于哪个系统，以便在相应的车站购票上车。其中中央车站属于FS系统，是米兰主要的火车站。米兰火车站建筑雄伟壮丽，是欧洲著名的火车站之一。从米兰乘火车可以到达几乎所有的意大利城市，以及巴塞罗那、苏黎世、日内瓦、巴黎、慕尼黑、维也纳等欧洲各国主要城市；Cadorna车站属于FNM系统，开往机场的Malpensa特快就从这里出发，同时这里也是地铁MM1和MM2线换乘站；Garibaldi车站属于FS系统，是周边短途列车的主要停靠站，地铁MM2线经过这里，长途巴士站也在车站旁边，非常便利。

出租车

米兰的出租车不会在街边揽客，游人需要在出租车站等候或打电话叫车，但要额外支付司机从接电话到叫车地点的费用。从米兰市区乘出租车到Malpensa机场70欧元，返程55欧元；Malpensa机场到Linate机场85欧元，返程40欧元。不含等待时间和预约费用。

公交车

米兰公交车的运营公司主要是ATM，线路很多，前往米兰周边小镇和卫星城非常方便。ATM公司的公交车一直运营到凌晨2点，其他公司的线路结束较早，有的可能根本没有夜间服务。米兰公交车单程票价1欧元，可在75分钟内任意换乘公交车和有轨电车及一次地铁或城铁；游人还可以购买各种分类的联票，按照时限、乘坐区域的分类联票很多，优惠幅度和乘车规则各不相同；此外，米兰还有一种安全、便捷而廉价的夜间线路Radiobus，在20:00一次日2:00之间运营，可以把乘客送到任何地点。必须至少提前20分钟预约，在固定地点上车，车站标志为蓝底白字的"RADIOBUS"，车票2欧元。

地铁

米兰共有3条地铁线路，分别为MM1红线、MM2绿线和MM3黄线，地铁站有醒目的红底白色字母"M"标志。连接米兰和周边市镇的城铁共有9条线路，每条都可以直接换乘地铁。城铁站标志为蓝底绿色字母"S"，各线路的车次平均每小时有1—4班不等。

⑦ 佛罗伦萨交通

火车

佛罗伦萨拥有多个火车站，其中新圣母车站是佛罗伦萨的中央火车站，不仅有开往意大利和欧洲各地的线路，也有连接市内各火车站的线路。坎波·德·玛尔特车站是佛罗伦萨比较次要的火车站，主要负责开往比萨、维亚雷焦和阿雷佐的国内线路。都灵—米兰—那不勒斯南北高速铁路纵贯意大利，在贝尔菲奥雷车站停靠。从佛罗伦萨前往博洛尼亚只需要35分钟，而前往米兰只需要1小时35分钟。

公交车

佛罗伦萨拥有完善的公交车网络，城市内的公共交通主要由ATAF公司经营，公交总站位于新圣母车站旁。佛罗伦萨公交车单次票价为1.2欧元，可以在60分钟内任意上下，非常方便。此外，游客还可以乘坐从新圣母教堂开往米开朗基罗广场的13路循环路线，每20分钟一班。

快速有轨电车

佛罗伦萨于2009年投入使用的快速有轨电车从史勘迪奇驶向西南方，经过城市西部，在乡村公园穿越阿诺河，到达新圣母车站。

⑧ 威尼斯交通

火车

威尼斯桑塔·露琪亚火车站靠近老城区，有火车直达帕多瓦、维罗纳、米兰、罗马、佛罗伦萨、迪里雅斯特和博洛尼亚等城市，游客也可以从法国、德国、奥地利、瑞士、斯洛文尼亚和克罗地亚的大火车站坐火车抵达。在威尼斯火车站可以乘水上出租车、水上巴士前往旅馆或各个景点，到圣马可广场步行只需20~30分钟。

出租车

威尼斯的水上出租车分为按固定路线航行和里程制两种，夜间行驶和节假日加收费用。水上出租车最多可坐15人，起价8.7欧元，如果电话预定要多加6欧元。

水上巴士

威尼斯没有公路，也没有汽车，游人除了乘坐贡多拉和摩托艇、出租车等交通工具外，还可以选择乘坐被称为"Vaporetto"的水上巴士。水上巴士单程票价5欧元，游人可以购买各种时间的威尼斯卡，来乘坐除机场巴士之外的所有水上巴士，参观威尼斯部分博物馆用卡可以享受门票打折。

贡多拉

威尼斯最著名的旅游项目是乘贡多拉游运河，乘坐5人座的贡多拉1小时航程需100欧元，包括乐手和红酒费用。此外，在运河的各处都有等待客人的贡多拉，游客可以当场商议价格。

D 速度玩 意大利！
ITALY HOW

10大人气好玩 旅游热地

① 罗马圆形竞技场

罗马圆形竞技场最大直径为188米，最小直径为156米，可容纳近9万名观众。虽然曾经的血腥决斗已成为历史的过眼云烟，但是走入看台仍能感受到原始的血腥和暴力。无论是功能、规模、技术和艺术风格各方面都当之无愧为古罗马文明的代表，同时也是意大利的国家标志与象征。

② 圣彼得大教堂

圣彼得大教堂建于公元4世纪，由米开朗基罗设计，是世界第一大教堂，拥有全世界最壮观的巨型圆顶，是天主教圣城梵蒂冈最核心的建筑，是世界五大教堂之首。圣彼得大教堂气势恢宏、富丽堂皇，吸引了无数游客趋之若鹜。

③ 梵蒂冈博物馆

梵蒂冈博物馆是世界上最小的国家博物馆，也是世界上最早的博物馆之一，早在公元5世纪就有了雏形。梵蒂冈博物馆收藏展示有大量精美、珍贵的艺术品，其中以古埃及、古希腊和古罗马时期的作品最为珍贵，大量文艺复兴时期的艺术品更是美轮美奂，是全世界最著名的博物馆之一。

④ 米兰大教堂

始建于1386年的米兰大教堂直到1897年才正式竣工，是全世界规模最大的哥特式教堂，同时也是全世界第二大教堂，法兰西帝国的皇帝拿破仑就是在这座教堂登基加冕的。米兰大教堂不仅是米兰的象征，也是米兰的中心，它以悠久的历史和雄伟的气势闻名世界。

意大利推荐

⑤ 威尼斯圣马可广场

早在1000年前，威尼斯圣马可广场就是水城威尼斯的政治、宗教和娱乐中心。威尼斯圣马可广场又称为威尼斯中心广场，曾被拿破仑称为"欧洲最美的客厅"。在广场上可以惬意地喂鸽子，欣赏宏伟的建筑，这里又被人们誉为"最浪漫的广场"。

⑥ 圣母百花大教堂

作为佛罗伦萨城市标志的圣母百花大教堂由大教堂、钟塔与洗礼堂等几个部分构成，高大雄伟的建筑是天主教佛罗伦萨总教区的主教座堂。圣母百花大教堂属哥特式建筑，外铺白色的大理石，美轮美奂、纯净优雅的外观吸引了全世界各地的游客光顾。

⑦ 乌菲兹美术馆

佛罗伦萨乌菲兹美术馆以收藏达·芬奇、米开朗基罗、拉斐尔、丁托列托、伦勃朗、鲁本斯、凡·代克等欧洲文艺复兴时期各个画派代表人物的画作而闻名，素有"艺术宝库"之称，是佛罗伦萨这座鲜花之城最瑰丽的奇葩。

⑧ 圣洛伦佐教堂

佛罗伦萨圣洛伦佐教堂由建筑风格各不相同的旧圣器室、新圣器室和君主礼拜堂三部分组成。这里曾经是美第奇家族的私人礼拜堂，现今教堂内还收藏有超过1万册美第奇家族的私人藏书。

⑨ 比萨斜塔

世界闻名的比萨斜塔是比萨大教堂的钟楼，位于意大利托斯卡纳省比萨城北面的奇迹广场上。比萨斜塔不仅是比萨城的标志，还被列入世界文化遗产。历史上伽利略在这里做过自由落体实验，而这座倾斜的美丽白塔自身就堪称世界奇迹。

⑩ 庞贝遗迹

在古罗马帝国时代曾经繁盛一时的庞贝古城被维苏威火山突然喷发落下的火山灰掩埋在地底，直到18世纪才重见天日。如今人们依旧可以从遗迹中的广场、大会堂、神殿、城墙、公共浴室、民居、酒吧、妓院等建筑和公共设施遥想古罗马时代的辉煌。

025

E 速度赏意大利！

ITALY HOW

10大 FREE主题 迷人之选

① 君士坦丁凯旋门

始建于公元312年的君士坦丁凯旋门高21米，是为纪念罗马皇帝君士坦丁大帝统一帝国而建。君士坦丁凯旋门是一座宏伟壮观的凯旋门，整座凯旋门上装饰有大量精美的浮雕，充满罗马帝国早期艺术风格。它上面保存着罗马帝国各个重要时期的雕刻，是一部生动的罗马雕刻史。

② 科斯美汀圣母教堂

始建于6世纪的科斯美汀圣母教堂毗邻威尼斯广场，周围环境清幽的教堂因一个被称为真理之口的井盖而闻名，据说说谎的人如果将手放在井盖上雕刻的头像口中会无法拔出，这吸引了众多游客前去尝试。

③ 巴贝里尼广场

始建于16世纪的巴贝里尼广场是为纪念巴贝里尼教皇而命名的，蜜蜂的设计正是取自于巴贝里尼家族的家徽。广场周围林立着巴贝里尼宫、意大利国家古代艺术画廊等华美典雅的建筑。

④ 许愿池

始建于17世纪30年代的许愿池是罗马的城市标志之一，作为罗马最著名的城市喷泉，许愿池因电影《罗马假日》而为世人熟知。正中是高大的海神雕像，背景建筑是一座海神宫。许愿池喷泉是一件华美的巴洛克风格杰作，传说在这里抛下硬币后许愿就会愿望成真。

意大利推荐

⑤ 台伯河

全长406公里的台伯河是仅次于波河和阿迪杰河的意大利第三大河流,是罗马城的母亲河,哺育了伟大的古罗马文明。台伯河受地中海型气候影响,四季河水变化多端,两岸风景秀丽,富有魅力。

⑥ 圣彼得广场

作为基督教世界最著名的广场,梵蒂冈圣彼得大教堂前的圣彼得广场是一处美轮美奂的椭圆形广场,在其双圆心处各立有一座巨大的埃及方尖碑。整座广场可容纳30万人,周日下午还会有无数信徒在这里对教皇致敬欢呼。

⑦ 维托里奥·埃马努埃莱二世拱廊

毗邻米兰大教堂的维托里奥·埃马努埃莱二世拱廊已有百年历史,是欧洲首批采用铁盒玻璃作为结构材料的建筑之一。这个八边形建筑周围四个拼镶起来的图案代表欧洲、非洲、亚洲和北美。美轮美奂的钢架构玻璃拱顶建筑,被人称作"米兰的客厅"。

⑧ 大运河

呈倒S形从威尼斯城中穿过的大运河是威尼斯最重要的一条水道,水城威尼斯几乎所有建筑都是沿大运河两岸而建,沿河两岸浓缩了威尼斯的全部精华。威尼斯是一个古老而浪漫的水上之城,因此大运河有着"水上香榭丽舍"的美誉。

⑨ 加里波第大道

热那亚的加里波第大道是为纪念意大利民族英雄加里波第而命名的道路,沿街两侧林立着不同年代的建筑,满是著名的宫殿和艺术馆,包括16世纪的比安科宫、17世纪的罗素宫等等,堪称一处热那亚建筑博物馆。目前已经成为集观光、购物、美食于一体的当地特色旅游区,非常值得一去。

⑩ 热那亚港口

建于古罗马帝国时代的热那亚港口迄今已有两千多年的历史,是如今全世界历史最悠久的港口之一,沿着海边建有热那亚水族馆、海洋博物馆、电影院、咖啡馆和美丽的滨海长廊娱乐区。港口四周的建筑古色古香,充满独特风情。

速度买意大利!
ITALY HOW
10大购物瞎拼潮流地

① THE MALL

佛罗伦萨是众多大牌的总部，THE MALL 就汇集了意大利的名牌和国际大牌，比如 Gucci、Dior、Fendi、Burberry等等。THE MALL号称"欧洲八大奥特莱斯之一"，Gucci和Prada属于意大利本土品牌，所以在THE MALL的折扣非常大。这里是意大利出行购物的必经之地哦。

② 维托里奥·埃马努埃莱二世拱廊

维托里奥·埃马努埃莱二世拱廊是一个带顶棚的商场，两条玻璃拱顶的走廊交会于中部的八角形空间，顶部是一个玻璃圆顶。它是米兰的购物中心，是世界著名奢侈品聚集地，也是米兰的地标之一。它坐落在米兰主教座堂广场北侧的显要位置，并连接斯卡拉广场，是欧洲最漂亮的商业拱廊之一。

③ 西班牙广场商圈

西班牙广场周围的商区，包括Via dei Condotti（孔多弟街）、Via Frattina、Via delle Vite 和 Via Borgognona几条街，是买奢侈品大牌当之无愧的地方，那里是大牌云集之地，而且都是各个名牌当前最流行的款式。其中孔多弟街因为用水道（Conduits）将水引入万神殿附近的阿格利伯浴池而命名，从街上可以观看整个西班牙阶梯。

④ 科尔索大街

科尔索大街是罗马最重要的商业街，商店林立，新品汇集。这条中轴大街从头到尾都有各式各样的购物选择，最多的是音乐商品与流行的年轻人时尚小店，也有高端皮鞋店以及罗马少数的高级百货公司"文艺复兴"。

5 蒙特拿破仑大街

这条街是米兰这个公认的世界时尚之都的"时尚四边形"（Quadrilatero della moda）中最重要的一条街，许多世界著名的珠宝、时尚品牌均在此地有专卖店铺。这里是购物的胜地，离米兰大教堂很近。这里有精美的橱窗，潮男潮女人来人往，是米兰的核心购物区，也是购物首选之地哦。

6 Centro Commerciale Vulcano

米兰周边的大型购物商城之一，集购物、餐饮于一体。该购物中心设有160多家营业至深夜的商店和餐馆，环境优雅、退税方便、品牌齐全、东西集中，绝对可以找到你称心如意的品牌哦！

7 加里波第街

加里波第街同罗马街一样同是古代都灵最主要的街道。这条街直接连接皇宫，巴洛克的风格感觉非常高贵。但街上的店铺与罗马街相较却更加地接地气。除了琳琅满目的服装店与化妆品店，街头还有非常多的露天咖啡馆，可以坐在街头和朋友聊天，共度美好的时光。非常值得一提的是，这条街上有很多街头艺人，他们的才华令人叹为观止。

8 Borgo Stretto

Borgo Stretto是比萨最优雅、最昂贵的街道，是一个供行人散步购物的步行街。街道的起点在加里波第广场，有华丽的圣母木雕。再往前走，会有比萨最昂贵的精品店、几个时髦的酒吧，和一些精致的甜点店和礼品店。伽利略的故居也在这条街道上。如果是圣诞节前，街道上还有一个很受比萨人喜爱的市场。

9 罗马街

罗马街是都灵古代历史中最重要的一条街道，时至今日其地位也没有被撼动。位于新门火车站的对面，笔直地贯穿了有"都灵会客厅"之称的圣卡罗广场、卡斯特罗广场，直通向皇宫。街上店铺琳琅满目，有高大上的爱马仕、普拉达、菲拉格慕等，也有大众喜爱的Zara、H&M等等，还有皮埃蒙特最大的Apple Store。值得一提的是街头的手工艺人，每人都有各自的艺术风格，从首饰到生活小用品，琳琅满目，不得不佩服他们的创意和手艺，价格也都非常划算。

10 Mercato di Via Fauche

这里可以淘到一些设计师的打折品和一些意大利的流行服饰，每周六开放，是感受米兰本地生活的地方。这里主要是蔬果市场，不过也有衣服和包，就像一个大型的露天市场，十分便利。

意大利推荐

速度买意大利!
ITALY HOW — 带回家特色伴手好礼!

① 品牌腕表

意大利是欧洲的三大钟表制造大国之一，从天梭、浪琴这种中高档的品牌到劳力士、百达翡丽等大牌奢侈品品牌，可谓一应俱全。而且价格要比国内低，还能退税。基本上每家店铺都配有专业的钟表技师，为客户提供最新的产品以及最贴心的服务。

② 手工花边

威尼斯的手工花边以精美繁复的图案著称，在威尼斯共和国时代曾经显赫一时，后来一度失传。直到19世纪末，又发现了仍在用古老技法编织手工花边的老人，威尼斯花边又重现辉煌，现在多以手工制品出售，价格也不贵。

③ 意式浓缩咖啡

还有比Espresso更能代表意大利的吗？只需尝一口，我们就会迅速被其浓郁的口味和香气所折服，这正是意大利咖啡与其他咖啡的不同之处。超市和街边咖啡馆都能购买到。

④ 奶酪

意大利的奶酪品种，首推帕尔马奶酪，它是一种干酪，因原产自帕尔马而得名。帕尔马奶酪里还分很多档次，最好的叫PARMIGIANO REGGIANO，只产于REGGIO EMILIA大区里特定的几个地方。在威尼斯的圣马可广场等地可以购买到，自用或买来送人都是不错的选择。

⑤ 皮革制品

意大利的皮革制品闻名世界，有些还是手工制成。各种皮制手袋、钱包、背包等琳琅满目，肯定会是你最容易喜欢上并且购买回家的东西。推荐去直销店或者郊区的奥特莱斯，一般都会打折；佛罗伦萨的很多皮革店都是百年老店，值得一游。

⑥ 狂欢节面具

威尼斯的面具文化已经融入了当地人的日常生活中，在威尼斯的狂欢节中，人们外出，不论男女，都要戴上面具，披上斗篷，用最华丽的装束庆祝节日，面具早已成为威尼斯狂欢节的象征。面具制作精巧细致，可称为一件艺术品，也是当地最好的纪念品之一。

⑦ 巧克力

意大利人爱美食，爱巧克力。罗马出售巧克力的店铺非常多，其中好些都以本店秘方和自制口味为傲，不妨选购一些巧克力带回去，既可以送给亲朋好友，也可以自己享用，回味罗马的甜蜜时光。

意大利推荐

⑧ 玻璃制品

威尼斯的玻璃制造业有近千年的历史，质量和精美程度在世界上居于顶尖地位，声名远播。其玻璃制品制作精美，颜色鲜艳，包括酒杯、花瓶、首饰以及各种装饰品，还有玻璃珠、玻璃镜子和玻璃吊灯等。晶莹剔透、色泽艳丽的玻璃杯是最具代表性的纪念品，别忘了挑选心仪的纪念品带回家哦。

⑨ 红勤酒

全世界最有名的葡萄红勤酒就诞生在意大利。其中带有黑鸡标志的古典红勤酒是用佛罗伦萨与锡耶纳之间古老葡萄园里的葡萄酿成的，是爱好葡萄酒的人向往的地方。游客可以在圣马可广场、Lista di Spagna购买到葡萄红勤酒，一瓶口感好的红勤酒价格也不菲。

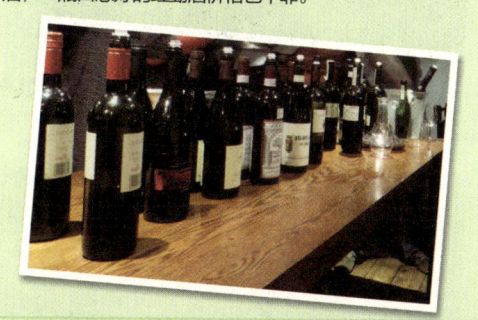

⑩ 匹诺曹玩偶

佛罗伦萨的特色纪念品首先要数长鼻子的匹诺曹(Pinocchio)了，这个童话起源于佛罗伦萨地区，后被传播到全世界。许多店铺的木偶都是由木匠手工制作的，大小各异，价格不贵。带一个回家吧，红衣绿裤的经典形象让你重温儿时心中的那个长鼻子匹诺曹。

速度吃意大利!
ITALY HOW
10大人气魅力平民餐馆

1. Checchino Dal 1887

Checchino Dal 1887历史悠久，已经传承了好几代，每晚都有很多食客专程光顾这家地处偏远的餐厅，享用这里提供的美味料理和各种红酒。

2. Sebatini

开业于1958年的Sebatini毗邻圣母广场，50余年来一直以厨师精心烹制的美味罗马传统料理而闻名，经常可以看到游客在店内品尝小羊肉料理和海鲜料理的身影。

3. 卢卡提诺

位于越台伯河区的卢卡提诺是一家历史悠久的小酒馆，在古色古香的越台伯河区观光之余，不妨来这里品尝一下美味的菜肴，再喝一杯红酒，感受一下普通罗马人的日常生活。

4. Papa Giovanni

Papa Giovanni餐厅以美酒和松露料理而闻名，除了美味精致的料理，餐厅地下室的酒窖内还收藏了世界各地的美酒，入选意大利十大餐厅之列。

意大利推荐

⑤ Da Baffetto

Da Baffetto是罗马最有名的比萨店之一，每天只在晚上营业的Da Baffetto刚到下午店前就会排起长队，其中不乏观光之余专程来品尝美味比萨和美酒的游客。

⑥ 希腊咖啡馆

毗邻西班牙广场的希腊咖啡馆开业于1750年，是罗马规模最大的一家咖啡馆，在这里喝一杯咖啡，吃着三明治，欣赏对面威尼斯广场的风光，或是研究一下尼采、叔本华、雪莱、拜伦、济慈、歌德、狄更斯等曾光顾这家店的名人，颇有一番趣味。

⑦ Antica Enoteca di Via della Croce

开业于1842年的Antica Enoteca di Via della Croce是罗马历史最悠久的酒吧，除了品尝美酒外，店内的烤牛肉也以肥而不腻、鲜而不老的特色赢得良好口碑，不妨一试。

⑧ Andrea海鲜老店

创立于1928年的Andrea海鲜老店是一家传承三代的海鲜餐厅，在威尼托街逛街观光之余，不妨来这里品尝店内厨师精心烹制的海鲜意大利面等美味的海鲜料理。

⑨ Enoteca Corsi

Enoteca Corsi历史悠久，店内用小黑板写成菜单颇为温馨，充满罗马小酒馆的气氛，可在这里品尝油煎小牛排等美味。

⑩ Pizza Re

纯正那不勒斯风味餐厅Pizza Re，以传统食材搭配厚饼皮做成比萨，即使在罗马也是有口皆碑，深受罗马百姓欢迎。

速度游意大利！
ITALY HOW
6天5夜计划书

💛 清晨 到达罗马

DAY 1

白天 罗马

　　罗马是意大利数千年来的政治文化中心，创建于2500多年前的罗马城有着数不胜数的文物和古迹：宏伟的万神殿被称为"天使的设计"，堪称建筑史上的奇迹；罗马圆形竞技场的设计精巧大气，是古罗马建筑最伟大的成就；此外还有帝国元老院、凯旋门等精美的古罗马建筑；罗马教廷所在地——梵蒂冈位于罗马古城区的西北。梵蒂冈虽然是世界上最小的国家，却有着世界上最大的教堂——圣彼得教堂。

夜晚

　　圣玛利亚教堂所在的台伯河岸区是罗马最繁华的夜生活场所，夜间这里熙熙攘攘，是就餐和泡酒吧的好选择。

夜晚 住宿推荐

豪华星级酒店：Hilton Garden Inn Rome Airport、Starhotel Michelangelo

舒适酒店：Roma Borromini

034

DAY 2

白天 那不勒斯

有着2600年历史的那不勒斯是意大利南部最大的城市，被称为"阳光和欢乐之城"，毗邻壮观的维苏威火山。而千年古城庞贝也是埋葬在维苏威火山千年前的喷发之下。那不勒斯有着丰富的古代艺术作品和文物：国立博物馆中藏有庞贝古城、赫库兰尼姆古城的文物和古希腊的精美雕塑；卡波迪蒙泰宫中则收藏有米开朗基罗、拉斐尔等名家绘画。"二战"之后，许多毁于战火的古建筑更是恢复了原有的建筑艺术场景，成为游客云集的景点。

夜晚

圣卡洛剧场的音乐会和戏剧演出是那不勒斯的一大特色，夜间可去欣赏。

夜晚 住宿推荐

豪华星级酒店：Palazzo Alabardieri Hotel
舒适酒店：Montespina Park Hote、Ostello Mergellina Napoli

DAY 3

白天 佛罗伦萨

佛罗伦萨是意大利著名的文化艺术中心，也是欧洲文艺复兴运动的发源地和歌剧艺术的诞生地。在这个城市中，到处都能感受到浓郁的文化气息。整个城市现在仍然保持着古罗马时期的建筑格局：走在中世纪的街道上，随处都可看到迷人的意大利景色。佛罗伦萨拥有数十座博物馆、美术馆、教堂，被称为"西方雅典"，其中不乏优雅的圣母百花大教堂、乔托钟楼、佛罗伦萨美术学院、圣玛利亚大教堂等建筑和艺术精品。游完佛罗伦萨之后，可以去历史悠久的比萨城一游，比萨拥有许多中世纪的文物古迹，最值得一游的当属举世闻名的比萨斜塔。

夜晚

在米开朗基罗广场可以欣赏到佛罗伦萨全景，夜晚更是可以看到别具特色的佛罗伦萨夜景。

夜晚 住宿推荐

豪华星级酒店：Relais Uffizi、Albergo Firenze
舒适酒店：Albergo Azzi、Hotel Dali

DAY 4

白天 威尼斯

举世闻名的水城威尼斯只有6万的常住人口，但每年却会吸引世界上近千万游客。威尼斯整个城市都建立在碧波之上，其中118个小岛、177条运河交错纵横，乘坐小船贡多拉漫游其中，有身入仙境之感。除了水，威尼斯还有世界上最美的广场——圣马可广场、古老的拜占庭和文艺复兴时期的建筑，以及昔日的总督府，附近还有著名的海滨浴场。这些景点令每一个来过威尼斯的人流连忘返。

夜晚

夜晚可以乘坐贡多拉参观运河两侧的威尼斯夜景，也可以去凤凰歌剧院欣赏威尼斯最高艺术水平的演出。

夜晚 住宿推荐

豪华星级酒店：Hotel Serenissima、Hotel Abbazia

舒适酒店：Hotel Bernardi

DAY 5

白天 米兰

作为世界时尚之都的米兰拥有全意大利最豪华的歌剧院、最绚丽的时装和最奢华的夜生活，也是全球服装设计师向往的地方。雄伟壮观的主教大教堂被称为"一首用大理石写成的诗"，是世界上最大的哥特式建筑。梦幻般的斯卡拉歌剧院是全世界音乐家向往的舞台。达·芬奇的旷世名作《最后的晚餐》就收藏在圣玛利亚感恩教堂内，文艺复兴时期的许多名画都可以在布雷拉画廊中欣赏到。

夜晚

斯卡拉歌剧院的歌剧举世闻名，来米兰一定不能错过，而Brera和Navigli区的高级夜总会也都是外来游客值得一游的场所。

夜晚 住宿推荐

豪华星级酒店：Doria Grand、Michelangelo、Westin Palace Milan、Four Seasons Hotel Milano

舒适酒店：Starhotel Business Palace、Poliziano Fiera

DAY 6

意大利推荐

白天 米兰

　　米兰的名品街上有着数不胜数的世界知名奢侈品品牌专卖店，许多商店的橱窗布置每天都有更新——只欣赏橱窗其实也是一种视觉上的享受。维托里奥·埃马努埃莱二世拱廊、蒙特拿破仑大街、马堤欧地大道等都是其中值得一游的繁华之所。此外，还可顺便去米兰大学、卡罗世纪服装学院等米兰著名大学参观，领略米兰自古传承的学术氛围。

夜晚 起程踏上归途

037

意大利
攻略HOW

Part.1 罗马圆形竞技场

始建于公元72年的罗马圆形竞技场记载了古罗马帝国的光荣,是罗马的象征与标志,自古以来就有"何时有圆形竞技场,何时就有罗马,当圆形竞技场倒塌之时,也是罗马灭亡之日"的说法,如今这里已经成为意大利的国家标志。

意大利攻略

罗马圆形竞技场

罗马圆形竞技场 特别看点！

第1名！
罗马圆形竞技场
100分！ 
★ 古罗马的荣耀象征，意大利的国家标志！

第2名！
古罗马广场！
90分！ 
★ 世界上最古老的议事广场，古罗马时代的遗迹中心！

第3名！
真理之口！ 
75分！
★ 幽静的小教堂，"真理之口"的传说！

01 罗马圆形竞技场 100分！赏
古罗马的荣耀象征 ★★★★★

Tips
- Piazza del Colosseo ☎ 06-39967700
- ¥ 13.5欧元，优惠票8欧元（2天有效票，可参观帕拉迪欧博物馆、古罗马遗迹区）
- ◎ 周一至周日9:00—19:30（冬季至16:30）
- 乘地铁B线至Colosseo站，依Colosseo指示出站即达

"何时有Colosseo（圆形竞技场），何时就有罗马。当Colosseo倒塌之时，也是罗马灭亡之日。"

建于72年的罗马圆形竞技场前身是尼禄的黄金宫，从建成的那一天起，圆形竞技场就是罗马的象征与标志。竞技场的看台设在3层混凝土制的筒形拱上，每层80个拱，形成3圈不同高度的环形圈，最上层则是约50米高的实墙。看台逐层向后退，形成阶梯式坡度。每层的80个拱形成了80个开口，最上面2层则有80个窗洞，观众入场时可以按照自己座位的编号，首先找到自己应从哪个底层拱门入场，然后再沿着阶梯找到自己所在的区域，最后找到自己的位置。直到608年，可容纳9万观众的圆形竞技场依旧用于角斗和斗兽表演，到中世纪时这里被改建成为一座城堡。现今的圆形竞技场地处罗马市中心东南部，游人站在空旷的竞技场内依旧可以听到2000年前疯狂的观众地动山摇般的呐喊，感受到那个庞大帝国的光辉历史。

040

02 古罗马广场 90分!
古罗马时代的城市中心 ★★★★★ 赏

Tips
📍 Via del Fori Imperiali ☎ 06-6990110、36004399 ¥ 竞技场联票13.5欧元 🕐 周一至周日 8:30—17:30 🚇 乘地铁B线至Colosseo站，过马路至竞技场隔壁即达

古罗马广场曾经是罗马时代市民生活的中心，周围散落着神殿、元老院、公共演讲台、交易所等古罗马建筑的遗迹，即使在2000多年后的今天依旧可以感受到古罗马当时的辉煌与壮观。毗邻古罗马广场的神圣大道，曾经是军队凯旋游行经过并接受道路两旁市民欢呼的地方，沿途会经过3座宏伟的凯旋门，其中规模最大的君士坦丁凯旋门更是体验古罗马魅力的绝佳场所。顺着神圣大道走，右边是一座圆形的小神殿——火神维斯塔的神殿，据说这座神殿中燃烧着的是象征罗马生命不息的圣火。

03 大竞技场
古罗马时期最大的运动场 ★★★★★ 赏

从公元前4世纪就开始扩建的大竞技场在古罗马时代曾是罗马最大的运动场，直到549年举办最后一场竞赛，近千年的时间这里曾经举办过无数次马车比赛。在大竞技场的场地正中央有一个由7只铜铸海豚组成的计圈器，每跑完一圈就转动其中一只。公元前10年，奥古斯都大帝还曾经从埃及搬运来一座方尖碑安放在场内，4世纪时君士坦丁二世又增加了一座方尖碑。

Tips
📍 Via del Circo Massimo 🚇 乘地铁B线至Circo Massimo

041

意大利攻略　罗马圆形竞技场

04 君士坦丁凯旋门
●●● 规模宏伟的凯旋门　★★★★★ 赏

建于315年的君士坦丁凯旋门位于神圣大道,是为纪念君士坦丁大帝击败马克森提皇帝、统一罗马帝国而建。凯旋门上方的浮雕板是当时从罗马其他建筑上直接取来的,主要内容为历代皇帝的生平业绩,如安东尼、哈德良等;浮雕板下面则描述了君士坦丁大帝的战斗场景。虽然君士坦丁凯旋门是神圣大道上3座凯旋门中建造最晚的一座,但依旧充满早期罗马艺术的影子,是游人体验古罗马魅力的绝佳场所。

Tips
🏠 位于圆形竞技场西北角

05 圣克莱门特教堂
●●● 历史悠久的宗教圣殿　★★★★ 赏

圣克莱门特教堂主体建筑分为3层:与街道等高的一层建于12世纪,半圆后殿有描绘植物与动物的马赛克镶嵌画;地下一层的建筑建于4世纪,1967年曾在这里发现当时的洗礼池等遗迹;最下一层的密特拉神殿建于公元前1世纪,当时耶稣尚未诞生,密特拉是由波斯传来的宗教中神的名字,在密特拉神殿中有一间举行圣餐的房间,祭台上刻有波斯神话中密特拉神杀死公牛的浮雕画。

Tips
🏠 Via del Circo Massimo　🚇 乘地铁B线至Circo Massimo

06 | 真理之口　75分！
古老的"测谎仪"　★★★★ 赏

位于科斯美汀圣母教堂内的真理之口是一个雕刻着海神头像的圆盘，据说将手放在海神的嘴里，如果说谎就无法拔出来，这个传说吸引了众多游人慕名而来一试究竟。其实真理之口原本是古罗马时代的井盖，1632年在教堂外墙边被发现后就一直留在这里。在电影《罗马假日》中，就是这个古老的"测谎仪"吓坏了可爱的公主，也令世界各地的影迷记住了真理之口的名字。此外，真理之口所在的科斯美汀圣母教堂始建于6世纪，以科林特圆柱和拜占庭风格的镶嵌画为装饰，颇为引人注目，教堂前还残留着罗马现存最古老的神殿方特纳神殿的遗迹。

Tips
- Piazza Bocca della Verita' 18　06-6781419　免费　9:00—18:00（冬季至17:00）　由特米尼火车站乘175路公交车至Bocca della Verita

07 | 金宫
尼禄的黄金屋　★★★★ 赏

公元65年，荒淫的罗马皇帝尼禄放火将罗马城烧毁，后修建了一座面积达整座城市三分之一的宫殿及花园，被后人称为"金宫"。现今金宫早已不复存在，保存下来的宅邸部分位于地下，游人可以在大厅中欣赏精彩的壁画，感受当年奢华的尼禄宫殿的风采。

Tips
- Via della Domus Aurea　06-39967700　6.5欧元　周三至周一9:00—19:45（须事先预约）

意大利攻略　罗马圆形竞技场

043

08 Checchino dal 1887
历史悠久的老餐馆

毗邻屠宰市场的Checchino dal 1887是一家历史悠久、已经传承了好几代的老餐馆，虽然餐馆所处的位置略为偏僻，但餐馆内提供的美味料理和选用的各种酒类颇值得称道，吸引了诸多喜爱美食的客人专程光顾。此外，Checchino dal 1887餐馆所在的街区附近就是罗马最热闹的夜店区，游人在这里用餐之后可以就近前往灯红酒绿的夜店，体验原汁原味的罗马夜生活。

Tips
 Via di Monte Testaccio 30 06-5743816
 周二至周六12:30—15:00，20:00—24:00；周一、周日、8月、圣诞节1周休息 乘地铁B线至Piramide站，出站过Viale del Campo Boario直走至Vicola Zabaglia，左转从Via Galvani走到底，步行约12分钟

09 圣彼得镣铐教堂
米开朗基罗的摩西雕像

圣彼得镣铐教堂供奉着曾经铐住圣彼得的镣铐，因而得名。教堂内最吸引游人的是一尊摩西雕像。由米开朗基罗制作的这尊摩西雕像头上长着角，气愤地拿着石块要砸掉族人崇拜的偶像，充满了力与美，曾是教皇坟墓的装饰雕像之一。据说，米开朗基罗在完成这尊摩西雕像的时候曾经对着雕像说："你怎么不说话？"其栩栩如生的神态吸引了无数来到这里的游客。

Tips
 Piazza di San Pietro in Vincoli 4A 06-4882865 7:00—12:30, 15:00—19:00（冬季至18:00） 乘地铁B线至Cavour站，出地铁站往竞技场方向下坡直走，右转从Via S. F. di Paola阶梯上去即达

10 圣天使城堡
●●● 坚若磐石的堡垒　　　　　　　★★★★ 赏

圣天使城堡最初是130—139年哈德良大帝所建的陵寝，后来罗马帝国的各代皇帝都安葬于此。圣天使城堡的名字源于6世纪，当时黑死病肆虐，教皇格里高利一世受大天使米伽勒神谕，在城堡顶部立了持剑的米伽勒铜像，后来瘟疫平复，从此城堡更名为"圣天使城堡"。此外，在城堡前方的圣天使桥上还立有12尊手持耶稣受难刑具的天使雕像，是文艺复兴时期巴洛克大师贝尔尼尼的杰作。

圣天使城堡除了是皇家陵寝，历史上还曾经作为过监狱，反对教廷的布鲁诺就曾被拘禁于此。由于临近梵蒂冈，圣天使城堡还被教皇作为避难之地——城堡内设教皇厅，与梵蒂冈教皇宫之间设有密道相连。圣天使城堡还是罗马的要塞——城堡外建有方形城墙，城墙四角有突出的堡垒，留有古代的武器和成堆的大理石圆球炮弹，城墙外还有沟壕。现今，圣天使城堡则成为了博物馆，在教皇厅等几十个房间展出盔甲、兵器以及意大利名家的画作等。

Tips
- Lungotever Castello 50　06-6189111
- 6欧元　周二至周日9:00—19:00　乘地铁A线至Lepanto站；或乘64路公交车至城堡前的桥边

11 国立古代美术馆
●●● 12~18世纪的艺术宝库　　　　★★★★ 赏

毗邻巴贝里尼广场的国立古代美术馆是一幢三层拱形大别墅。作为巴贝里尼家族的住所，这幢外观华美的大屋现今已经被辟为展示巴贝里尼家族收藏品的博物馆，游人可以在这里欣赏到大量12~18世纪的绘画、陶瓷器以及家具，其中不乏拉斐尔、卡拉瓦乔、里皮等大师的精美作品。

Tips
- Via delle Quattro Fontane　06-4824184
- 5欧元，优惠票2.5欧元　周二至周日8:00—19:30　乘地铁A线至Barberini站

12 奎里纳尔宫
意大利的总统府

★★★★ 赏

奎里纳尔宫位于罗马7座山丘中最高的奎里纳尔山上，由教皇在16世纪末修建，在1870年之前一直是教皇的夏季行宫。现今，奎里纳尔宫成为了意大利共和国总统府，宫殿前的广场中央有双子星喷泉，喷泉上有4尊1787年在奎里纳尔山丘上的君士坦丁浴场发现的古罗马时期的双子星神和他们的马匹雕像。奎里纳尔宫内的庭院和花园别具一格，庭院四周被典雅的长廊包围，四周栽种着大量奇花异草，高大挺拔的棕榈树给地中海风情浓郁的花园带来了几分热带气氛。每年6月2日意大利国庆节时，总统都会在此举行盛大的国庆招待会，场面非常热闹。奎里纳尔宫内厅四周的墙上挂满了以圣经故事为题材的壁画，装潢豪华的玻璃厅是昔日教皇与国王的卧室，如今已成为总统的书房，是意大利的政治心脏。同时，在奎里纳尔宫的其他大厅里，还珍藏有许多稀世文物，因此它也是一座著名的博物馆。

Tips
Piazza Montecavallo　06-46991　9月至次年6月周二至周日8:30—12:00

13 埃斯奎利诺广场
以宏伟教堂为背景的城市广场

★★★★ 赏

Tips
Piazza dell' Esquilino　免费　全天开放
乘地铁B线至Termini或Cavour站，后步行即达

埃斯奎利诺广场上有一座教皇西斯多五世于1587年竖立的方尖碑，广场一旁耸立的大圣母教堂规模宏伟，从5世纪起就已经屹立于此，迄今已有1500年历史，有多位不同时期、不同风格的建筑大师为其整修。如今，这些不同年代的建筑风格也在这座宏伟建筑中完美地融合，吸引了众多游人慕名而来。

14 波各赛美术馆

收藏大量名家作品的小美术馆

Tips

🏠 Piazza Scipione Borghese 5　☎ 06-8548577　💰 8.5欧元，优惠票5.25欧元，预约费2欧元　🕘 周二至周日9:00—19:30　🚇 乘地铁A线至Spagna站，Borghese方向出口出地铁站，左转直走约15分钟即达

由红衣主教西皮欧内·波各赛在17世纪修建的美轮美奂的私人别墅，现今则是一座规模不大的小型美术馆，其中不乏《Ratto di Proserpina》这样栩栩如生的艺术精品。此外，在波各赛美术馆内还收藏有拉斐尔的《卸下圣体》和提香的《圣爱与俗爱》等艺术作品，吸引了众多游人前来参观。

15 奥林匹克运动场

火爆刺激的意甲联赛和罗马德比

Tips

🏠 Via Foro　☎ 06-36851，售票时间不定，详情请电洽　🚇 由地铁Flaminia站换乘225路公交车即达

位于罗马城北郊的奥林匹克运动场曾经是第17届奥运会的主体育场，由建筑设计大师E.德尔·德比奥、C.罗卡特利和A.维特洛齐设计，这里同时也是罗马最为知名的体育场。作为意甲球会罗马和拉齐奥的主场球场，罗马奥林匹克运动场内几乎每个周末都会有引爆人们激情的意甲联赛上演。在数万观众的呐喊助威声中，欣赏一场顶尖的足球比赛，也成了众多游人来到罗马后不可错过的观光项目。

16 罗马音乐厅

罗马最受欢迎的现代音乐圣地

地处奥林匹克村附近的罗马音乐厅由意大利知名建筑师罗伦佐·皮亚诺设计修建，并于2002年正式完工开幕。罗马音乐厅内共有3个表演大厅，其中最大的一个大厅可容纳2800人同时欣赏优美的古典音乐。此外，爵士乐、流行音乐以及摇滚乐爱好者也可以在罗马音乐厅内享受到最完美的音乐盛宴。罗马音乐厅的中庭空间是一处可同时容纳3000人的露天舞台，每到夏季都会举行世界级的蓝调及爵士音乐会。此外，毗邻罗马音乐厅的21世纪国家艺术博物馆也同样由罗伦佐·皮亚诺设计修建，它与音乐厅一同组成了罗马最受欢迎的文艺圣地。

Tips

- Via Pietro de Coubertin 15
- 06-8082058
- 11:00—18:00；有表演时至20:00
- 乘地铁A线至Flaminio站，换乘2路电车即达；或在特米尼火车站乘910路公交车

17 圣乔凡尼大教堂

全世界与基督教历史渊源最深厚的教堂之一 ★★★★★ 赏

历史上第一位皈依基督教的罗马皇帝——君士坦丁大帝在与拉特拉诺家族联姻时，曾将圣乔凡尼教堂所在的土地作为赠礼。314年君士坦丁大帝皈依基督教后，将土地捐赠给教皇，并修建了当时罗马城内规模最大的基督教堂——圣乔凡尼大教堂。现今呈现在游人面前的圣乔凡尼大教堂是由17世纪巴洛克式建筑师代表波罗米尼进行大规模改建后的建筑。教堂正面上部高达6米的基督与圣徒像是伽利略修的，教堂内装饰有君士坦丁大帝画像，方格形天花板上描绘有教堂的徽章。据说在屋顶天棚中描绘的彼得和保罗像的头部里面分别装有他们的头骨。教堂内部的至圣小堂是教皇的私人礼拜堂，中门上方的雕像取自古罗马元老院，而其中最著名的则是被称为"神圣楼梯"的28级台阶——耶稣被钉上十字架以前最后走过的木梯，相传这是特意从耶路撒冷运来的，在这里常常可以看到虔诚的信徒一边祷告一边跪着用膝盖登这段台阶的身影，堪称是基督教世界中最珍贵的圣物之一。

Tips
- Piazza S.Giovanni ☎ 06-69886452 ¥ 免费
- 6:45—18:30；教堂庭院：9:00—18:00
- 乘地铁A线至San Giovanni站，出地铁站即达；或乘4、15、16、85、87、93路公交车至San Giovanni站

18 圣保罗大教堂

罗马四大圣教堂之一 ★★★★★ 赏

圣保罗大教堂位于罗马城外南边，是罗马四大圣教堂之一，最初是君士坦丁大帝下令在保罗墓上修建的，后经几次扩建，非常富丽堂皇。不幸的是1823年的一场大火将教堂完全烧毁，后在1854年重新修建。教堂前伫立着圣保罗手握殉教长剑的雕塑，象征他为基督教所进行的不懈奋斗。教堂正面19世纪金碧辉煌的镶嵌画在阳光下熠熠闪光。教堂内部雄伟庄严，由于宗座祭坛设在保罗墓之上，故只有教皇才被允许在此做弥撒。

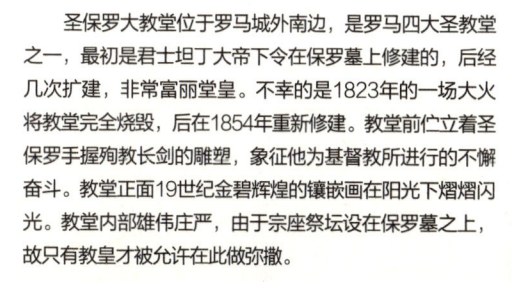

Tips
- Via Ostiense, 186, 00146 Roma ☎ 06-5410341

意大利攻略 — 罗马圆形竞技场

049

意大利
攻略HOW

Part.2 罗马共和广场

历史悠久的共和广场是古罗马帝国时期迪欧克·雷济安诺大浴场的遗迹所在地,广场周围有众多不同时代、不同风格的建筑。

意大利攻略 罗马共和广场

罗马共和广场 特别看点！

第1名！
共和广场！
100分！

第2名！
巴贝里尼广场！
90分！

第3名！
特莱维喷泉！
75分！

★不同年代的建筑和谐共处，天然的建筑博物馆！

★巴洛克大师向教皇致敬的广场，罗马最美的城市广场之一！

★罗马市内最大的喷泉，罗马最后一件巴洛克杰作！

01 共和广场   100分！
不同年代的建筑和谐共处   ★★★★ 赏

　　共和广场又被罗马人称为"半圆形广场"，广场正中有一座由马里奥·鲁特利于1901年设计的水神喷泉——4位裸体的女神姿态诱人地趴在4种动物身上，其中海马代表海洋、水蛇代表河流、天鹅代表湖水、蜥蜴则代表地下暗河。共和广场的前身是迪欧克·雷济安诺大浴场的遗迹，现今则已经被各个不同时期的建筑分割得七零八落，其中最引人注目的建筑是由米开朗基罗设计改建的天使圣母教堂，吸引了众多游人的目光。

Tips
📍 Piazza della Repubblica 🚇 乘地铁A线至Repubblica站下

052

02 圣母玛利亚大教堂

罗马四大教堂之一 ★★★★★ 赏

罗马圣母大教堂又被称为"大圣母堂""圣玛利亚教堂"或"马杰奥尔圣母大教堂",是罗马四大教堂之一。在罗马所有长方形大教堂中,圣母玛利亚教堂算是结合所有建筑风格最成功的教堂——仿罗马式钟楼是中世纪的表征,1377年建造,高达75米,被誉为"罗马之冠"。

教堂的中殿是5世纪建筑,天花板富丽堂皇,克斯马蒂式镶嵌地砖花纹精美。36根圆柱是从古代罗马的神殿搬来的,而以列柱支撑的水平梁是典型的初期基督教教堂建筑手法。镶嵌的天花板藻井可嗅出文艺复兴的气息。大门背面圣母子的彩色镶嵌玻璃画的风格很有现代气息。

主殿祭坛中描绘《旧约·圣经》36个场景的镶嵌画是5世纪基督教初期的遗物,金碧辉煌的壁画下面,还有传说中的圣物——据说耶稣幼时婴儿床的木头残片就保存在这个容器里。教堂内部除了主殿以外,右侧是西斯托小教堂,左侧则是保利纳小教堂,属于17世纪初期巴洛克艺术风格。

Tips
Piazza di Santa Maria Maggiore 42　06-483195　免费　夏季7:00—20:00,冬季6:45—19:00　乘地铁A/B线至特米尼火车站,由Via Cavour出口直走,步行约5分钟;或乘70路公交车至Piazza Esquilino站

03 胜利圣母教堂

引人入胜的巴洛克教堂 ★★★★ 赏

胜利圣母教堂建于17世纪,由巴洛克大师贝尔尼尼与其学生花了12年时间合力完成,是一座华美的巴洛克风格建筑,教堂内的神坛左侧礼拜室内收藏了一尊名为《圣德兰之狂喜》的雕塑,代表着"狂喜"的天使微笑着用手中的弓箭射向面前的圣人,上方的天窗则透射进来黄金般的神圣光芒,充满令人震撼的神圣美感,被誉为"贝尔尼尼最具戏剧张力的杰作"。

Tips
Via XX Settembre 17　06-42740571　周一至周六6:30—12:00(周日10:00起)　乘地铁A线至Repubblica站,由Via Orlando出口出来后直走到S. Bernardo广场喷泉旁即达

04 | 四泉圣嘉禄堂
● ● ● 华美的巴洛克式教堂　　★★★★ 赏

　　四泉圣嘉禄堂是罗马城中一座著名的教堂，它拥有华丽的巴洛克风格，吸引了无数游人的目光。这座教堂的外墙处竖立着多根得林斯式石柱，圆柱中夹杂着壁橱、窗户与各式雕刻，它们造型精美，让人赞叹不已。四泉圣嘉禄堂的大殿里有着空灵的气息，里面还有圣嘉禄·鲍荣茂、圣若望·玛达等著名人物的雕像。

> **Tips**
> 📍 Via del Quirinale, 23, 00187 Roma　☎ 06-4883261

05 | Andrea海鲜老店
● ● ● 传承三代的海鲜老店　　★★★★★ 吃

　　位于罗马最高雅的威尼托街巷道内的Andrea海鲜老店创立于1928年，现今已经传承了3代。作为罗马颇有名的一家以海鲜料理闻名的老餐馆，Andrea吸引了各地慕名而来的观光客来店内享用海鲜意大利面等各式海鲜料理。

> **Tips**
> 📍 Via Sardegna 28　☎ 06-4821891　🚇 乘地铁A线在Barberini站下

06 | 天使圣母玛利亚教堂
● ● ● 米开朗基罗的晚年杰作之一　　★★★★ 赏

> **Tips**
> 📍 Piazza della Repubblica　🚇 乘地铁A线在Repubblica站下

　　天使圣母玛利亚教堂是共和广场上的标志性建筑，它是由一代艺术大师米开朗基罗在85岁时设计的，并在18世纪由凡维特尔改建成现在的模样。这座教堂建于迪欧克·雷济安诺大浴场的入口处，它的大门是以古罗马的万神殿为蓝本建造的，气势雄伟壮观。

07 马西莫宫博物馆

意大利国家级艺术展馆 ★★★★ 赏

马西莫宫博物馆是罗马国家博物馆的分馆之一，它以收藏众多的艺术作品而闻名。这个博物馆里展出了很多雕塑艺术作品，有许多都是古罗马时代的珍品，当然也不乏近现代艺术家们的经典之作。马西莫宫博物馆里最著名的当数那座没有双手的奥古斯都雕像，其雕刻精美，再现了这位伟大帝王年轻时的英姿。

Tips
- Largo di Villa Peretti 67
- 06-39967700
- ¥ 7欧元
- 乘地铁A、B线在Termini站下

08 巴贝里尼广场 (90分!)

巴洛克大师向教皇致敬的广场 ★★★★ 赏

由巴贝里尼教皇最钟爱的巴洛克大师贝尔尼尼设计的巴贝里尼广场充满了艺术美感。广场正中的海精灵喷泉动感十足，贝尔尼尼还将教皇的家族纹章——蜜蜂标志设计在喷泉上。此外，街角还有一座精致的蜜蜂喷泉，吸引了众多游人拍照留念。

Tips
- Piazza Barberini
- ¥ 免费
- 全天开放
- 乘地铁A线至Barberini站，出站即达

意大利攻略　罗马共和广场

意大利攻略 罗马共和广场

09 巴贝里尼宫国家艺术馆
● ● ● 意大利著名的艺术展馆　★★★★★ 赏

　　巴贝里尼宫国家艺术馆是由著名的巴贝里尼宫改建而来的，里面展出着巴贝里尼家族收藏的众多艺术作品，具有很高的艺术欣赏价值和文物收藏价值。这座宫殿本身也是建筑艺术的佳作，华美的巴洛克风格让过往的游人眼界大开，各种精美的装饰将这里渲染得美轮美奂。巴贝里尼宫国家艺术馆里收藏了众多12~18世纪的艺术佳作，其中就有拉斐尔、卡拉瓦乔等大师的真迹。

Tips
🏛 Via delle Quattro Fontane　☎ 06-4824184　¥ 5欧元　🚇 乘地铁A线在Barberini站下

10 特莱维喷泉　75分！
● ● ● 罗马市内最大的温泉　★★★★ 赏

　　特莱维喷泉又名"许愿池喷泉"，是罗马市内最大的温泉。作为罗马最后一件巴洛克杰作，由教皇克里门七世命Nicola Solvi设计建造，共花了30年才完成，它是罗马的象征之一。喷泉建筑完全左右对称，中央立有一尊被两匹骏马拉着奔驰的海神像，海神像是在1762年由雕刻家伯拉奇设计的。在海神的左右两边各立有两尊水神，右边的水神像上，有一幅《少女指示水源》的浮雕，浮雕上面有代表四季的4位仕女像。

　　罗马有一则美丽的传说：只要背对喷泉从肩以上抛一枚硬币到水池里，就有机会再次访问罗马；用同样动作抛3次硬币，第1枚代表找到恋人，第2枚代表彼此真心相爱，第3枚代表蜜月幸福，婚后将一起重返罗马。这些传说吸引了很多旅游者在喷泉边排队抛硬币。

Tips
🏛 Piazza di Trevi　🚇 乘地铁A线至Barberini站，由Via del Tritone 出口往下坡直走，左转经Via Stamperia直走即达，步行约7分钟；或由西班牙广场步行约12分钟即达

056

11 威尼托街
罗马最有名的大街
★★★★ 逛

威尼托街是罗马最有名的大街——弯弯曲曲的街道虽然不算长，却最能代表罗马的繁华。这里有罗马最豪华、最有名气的酒店、商店、夜总会及其他娱乐场所，是意大利和其他国家的富人们来罗马时居住、购物、休闲的地方，也是他们显示身份和富有的地方。

Tips
- Via Veneto

12 无垢圣母玛利亚教堂
罗马最恐怖怪异的景观
★★★★ 赏

Tips
- Via Vittorio Veneto　☎ 06-4871185　🚇 乘地铁A线在Barberini站下

建于1626年的无垢圣母玛利亚教堂是为红衣主教安东尼奥·巴贝里尼所建，由教皇亲自奠定基石，充满荣耀。无垢圣母玛利亚教堂外观由红砖和白色立柱打造而成，内部装饰了大量的壁画和浮雕，在地下墓穴内的骸骨礼拜堂被称为罗马最恐怖、最怪异的景观。

13 地下墓穴
古罗马的集体地下墓穴
★★★★ 赏

根据罗马法律的规定，基督徒是不允许葬在罗马城内的，因此在古罗马帝国接受基督教之前，古罗马人死后都实行火葬。早期的墓穴是一些简单的洞穴，用以纪念基督教忠实的信徒，同时也表达基督徒们对基督教的无限忠诚与支持。早期大多数地下墓穴分为4层，都有着一个体系庞大的陈列馆和许多狭窄的通道及阶梯。死者的尸体都被穿上了完整的衣服——由亚麻布包裹，并撒上一种特殊的膏药以防止尸体腐烂，然后装在厚板制成的密封棺材中，木板的正面刻上死者的姓名、死亡时间以及宗教信仰。毗邻阿皮亚大道的圣卡利斯托地下墓穴是其中极具代表性的，它是第一代罗马主教的墓穴，也是后来很多位主教的墓穴所在地。

Tips
- Via Appia Antica 58　☎ 06-51301580
- ¥ 6欧元，优惠票3元　🕘 夏季：周一至周日9:30—17:30；冬季：周一至周日9:30—16:30　🚌 由威尼斯广场乘Via Appia Antica专车（7.75欧元）；或由拉特兰圣乔凡尼大教堂乘218路公交车至墓穴前即达。请避免周日前往，许多公交车会改道

057

意大利
攻略HOW

Part.3 罗马人民广场

人民广场是罗马最著名的广场之一，广场正中矗立的埃及方尖碑颇为醒目，自古以来就是众多外来游客进入罗马的必经之路。

意大利攻略

罗马人民广场

罗马人民广场 特别看点！

第1名！
人民广场！
100分！
★ 罗马著名的广场之一，出入罗马的重要大门！

第2名！
西班牙广场！
90分！
★《罗马假日》中的著名场景，休闲浪漫的城市广场！

第3名！
波波洛圣母堂！
75分！
★ 罗马收藏各种艺术品最多的教堂，《天使与魔鬼》的故事场景地！

---

01 人民广场 （100分！）
优美的宗教艺术 ★★★★ 赏

人民广场因"人民的圣玛利亚教堂"而得名，广场本身一直就是一个重要的游览景点。从古罗马时代起，人民广场就是进入罗马城的重要通道之一。然而从建筑学角度，这座广场应该是经历了文艺复兴、巴洛克和新古典主义3个时期而逐渐形成的。

1589年，教皇西克斯图斯五世将矗立于马克西姆斯广场的方尖塔迁移至人民广场，此后经人民门进入罗马城的游客们无不感受到人民广场的气势。

广场上的蒙泰桑托圣玛利亚教堂和米拉科利圣玛利亚教堂无疑加强了广场的气势。这两座教堂都建于17世纪下半叶，两者的外观十分相似，仅在穹顶形状方面有区别——左侧的蒙泰桑托圣玛利亚教堂的穹顶为椭圆形，而米拉科利圣玛利亚教堂的穹顶则为圆形。1653年，瑞典女王克里斯蒂娜皈依天主教，这是反对宗教改革宣传的又一大战果。为了迎接女王的到来，亚历山大七世任命贝尔尼尼装点人民门的内壁，并在门上雕刻了"祝你旅途如意"（Felice faustoque ingressui）的字样。

Tips
🏛 Piazza del Popolo ¥ 免费 📅 周一至周六 7:00—12:00，16:00—19:00；周日8:00—13:30，16:30—19:30 🚇 乘地铁A线至Flaminio站，由Piazza del Popolo出口出来，步行约2分钟（双子教堂对面）即达

02 Babington's Tea Rooms

●●● 纯正的英国乡村茶馆风情　　★★★★★　吃

Tips
- Piazza di Spagna 23　☎ 06-6768027
- ⏰ 9:00—20:00　🚇 乘地铁A线至Spagna站，位于西班牙阶梯旁的土黄色建筑

开业于1893年的Babington's Tea Rooms是一家由英国人创办的茶馆，现今店内依旧呈现出纯正的英国乡村茶馆风情。如果对罗马城内随处可见的咖啡馆感到厌倦的话，可以在Babington's Tea Rooms内品尝这里的英国茶、印度茶和中国茶，此外还有Babington's Special Blend特调茶与各种小茶点。罗马阳光灿烂的午后，在这里小憩片刻，感受下纯正的英式下午茶，不失为假日休闲的绝佳选择。

03 西班牙广场　90分！

●●● 罗马文化和旅游的中心地带　　★★★★　赏

Tips
- Piazza di Spagna　🚇 乘地铁A线至Spagna站，出站即达

西班牙广场从17~18世纪以来，一直是罗马文化和旅游的中心地带，也是汇集艺术家们的地段。不少艺术家就住在马尔古塔大街和巴布伊诺大街，这两条街上有很多古玩店和艺术画廊。西班牙台阶是电影《罗马假日》的外景地，十分有名。台阶上有很多画像的和卖鲜花的小摊。在台阶上坐下来，自然就有一种明快、悠闲的气氛。台阶前的"破船喷泉"前面总是有人在弹吉他或拍照，一片热闹景象。"破船喷泉"是巴洛克大师贝尔尼尼的父亲彼得改建的，他将原来的喷泉外围制成了一条破破的船，半淹在水池中，喷泉的水于是先流入破船，再从船的四边慢慢溢出，成了西班牙广场观赏的重点之一。 夏天时，除了西班牙广场会坐满人外，破船喷泉旁也常是朋友互约的地点。

意大利攻略　罗马人民广场

04 波波洛门
◆◆◆ 出入罗马的重要大门　　　★★★★★ 赏

波波洛门位于人民广场的北侧，是人们进出罗马的重要通道，包括歌德、拜伦、济慈这些拥有赫赫声名的人物，进入罗马时也都从这座城门中通过。17世纪时，为了迎接瑞典女王的访问，还特地由著名建筑师贝尔尼尼在门的内侧刻上了"祝你旅途如意"的字样。

> **Tips**
> 🏛 Piazza del Popolo　🚇 乘地铁A线在Flaminio站下

05 Antica Enoteca di Via della Croce
◆◆◆ 罗马最早开业的酒吧　　　★★★★ 吃

创立于1842年的Antica Enoteca di Via della Croce是罗马市内第一家开业的酒吧，迄今已有170余年的历史，现今依旧是每天高朋满座，拥有极高人气。Antica Enoteca di Via della Croce内除了古色古香的气氛外，各种美味餐点也是最受罗马本地人和来自世界各地游人喜爱的，其中烤牛肉更是受欢迎的美味，绝对不可错过。

> **Tips**
> 🏛 Via della Croce 76　☎ 06-6790896
> 🕐 12:00—午夜，8月第1周休息　🚇 乘地铁A线至Spagna站，由西班牙广场右转直走，再左转经Via del Croce直走，步行约5分钟至Via Bocca di Leone街角

06 品奇欧公园
◆◆◆ 风景秀美的城市花园　　　★★★★ 玩

毗邻人民广场的品奇欧公园是罗马人最喜爱的散步公园之一，早在古罗马时代，品奇欧公园就已经是一座风景秀美的美丽花园，1608年，红衣主教西皮欧内·波各赛把附近土地据为己有，直到1901年这里才重新对公众开放。现今的品奇欧公园是由来自荷兰的朱塞佩·巴拉迪亚于19世纪初所设计。院内栽植的大片棕榈、海松和槐树之间，散落着众多的意大利伟人雕像。此外，在品奇欧公园内，还有哈德良皇帝为纪念爱人所修建的一座方尖碑，吸引了众多游人在园内漫步游玩。

> **Tips**
> 🏛 人民广场东侧

07 Antico Caffe Greco
充满文艺气息的古典咖啡馆　★★★★★　吃

创立于1706年的Antico Caffe Greco是一家历史悠久的古典咖啡馆，早在18世纪就已经是众多文人墨客最喜爱的咖啡馆。店内陈设着众多大理石雕刻和古典画作，充满浓郁的文艺气息。由于Antico Caffe Greco毗邻西班牙广场，经常可以看到来自世界各地的游人步入这家充满古典风情的咖啡馆内，坐在红色绒布椅上一边品尝香醇的意大利咖啡，一边小憩片刻。

Tips
Via Condotti 86　06-6791700　周日至周一10:00—19:00，周二至周六9:00—19:30
乘地铁A线至Spagna站，由西班牙广场走进Via Condotti，步行约5分钟即达

08 圣山圣母教堂
感受双子教堂的异样风情　★★★★★　赏

Tips
Via del Babuino, 198, 00187 Roma　06-3610594　乘地铁A线在Spagna站下

圣山圣母教堂位于人民广场上，由于和并排着的奇迹圣母教堂外观极为相似，所以它们也被人们昵称为双子兄弟。这座教堂是1675年修建的，在它建成之前，这里也有一座叫做圣山圣母堂的教堂。这里的圣山就是指在以色列的迦密山。这座教堂先后由三位艺术大师设计并主持修建，因此各个部分都呈现出不同的艺术特征，但是它们却能和谐地结合在一起，这正是这座教堂的特色所在。从1951年开始，这里每年10月都会举行一次艺术家弥撒，为艺术家们祈祷。

09 波波洛圣母堂 75分!

罗马收藏各种艺术品最多的教堂

★★★★★ 赏

> **Tips**
> 🏛 Piazza del Popolo 🚇 乘地铁A线在Flaminio站下

波波洛圣母堂位于波波洛门一侧，这是罗马收藏各种艺术品最多的一处教堂。这里既有著名画家卡拉瓦乔的名画《圣彼得受难》，也有著名雕刻师贝尔尼尼的作品，就好像一处宗教艺术博物馆，吸引着八方游客。这座教堂还分有8个小礼拜堂，其中最著名的当数奇吉礼拜堂。奇吉礼拜堂内左右两边是两座对称的金字塔形墓碑，是奇吉死后人们为他修建的，墓碑后方是贝尔尼尼的著名雕塑《哈巴谷和天使》。

10 奥古斯都墓

第一座建造于罗马城中的皇帝陵墓

★★★ 赏

奥古斯都墓位于罗马的战神广场之上，是古罗马帝国第一位皇帝奥古斯都的陵墓。它建于公元前31年，它的建造打破了罗马人不在城市中进行殡葬的传统。这座陵墓本身由多个同心圆底座构成，最大的一环直径达88米。底座之上是陵墓主建筑，这是用火山灰制成的混凝土筑成的，在建筑前还竖立着一座高大的奥古斯都铜像。

> **Tips**
> 🏛 Lungotevere in Augusta, 18, 00186 Roma

11 奇迹圣母教堂

贝尔尼尼的弟子所设计的教堂

★★★★★ 赏

> **Tips**
> 🏛 Via del Babuino, 198, 00187 Roma ☎ 06-3610594 🚇 乘地铁A线在Spagna站下

奇迹圣母教堂就在圣山圣母教堂旁边，这两座教堂几乎是同一时间修建的，外形也几乎一模一样，只是在一些细节上有差异。教堂的名字来自于供奉在主祭台上的圣母像，据说这座雕像曾经显圣过，所以深受当地教徒的崇拜。

064

12 圣三一教堂
著名的哥特式教堂

从西班牙广场向后，通过西班牙台阶走上山，山顶就是著名的圣三一教堂。这座教堂是法国人在1495年所建，和罗马其他教堂那华美的巴洛克风格不同，这座教堂明显带有哥特式的风格，那简约流畅的线条和高大的尖塔是其最明显的标志。教堂前有一座方尖碑，这是1789年从罗马的萨卢斯特花园移到此地的，是著名的埃及方尖碑的复制品。教堂内有不少米开朗基罗的弟子沃尔泰拉所绘制的宗教壁画，其中最著名的当数《基督落架》、《圣母升天》等。

Tips
Via Sistina, 91, 00187 Roma

13 济慈·雪莱纪念馆
纪念两位伟大的浪漫主义诗人

济慈和雪莱都是著名的英国浪漫主义诗人，他们生前一直都是关系密切的好友，共同因为国内保守势力的迫害而被迫流亡到意大利，济慈去世后，他的故居就被开辟成为济慈·雪莱纪念馆，如今这里是文学爱好者们来到罗马必去的地方。在这里除了能看到济慈、雪莱的生平介绍以及他们的手稿外，还能看到另一位大作家拜伦的手稿、书信、遗体面膜和照片等丰富的资料。来一座纪念馆就能和三位大师做零距离接触，无论是不是文学爱好者，都是极为值得的。

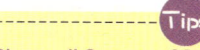

Tips
Piazza di Spagna, 26, 00187 Roma　06-6784235

意大利攻略　罗马人民广场

意大利
攻略HOW

Part.4
罗马纳沃纳广场

椭圆形的纳沃纳广场被誉为罗马最漂亮的广场之一，广场四周林立着众多古罗马风情的老建筑，广场正中的四河喷泉则是贝尔尼尼的得意之作。

罗马纳沃纳广场 特别看点！

意大利攻略 / 罗马纳沃纳广场

第1名！
纳沃纳广场！
100分！

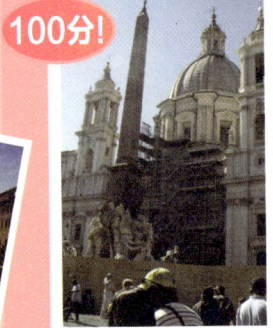

★ 建筑大师设计的美丽广场，贝尔尼尼的得意之作！

第2名！
万神殿！
90分！

★ 罗马建筑艺术的巅峰，唯一保存完好的古罗马帝国时代建筑！

第3名！
密涅瓦的圣母教堂！
75分！

★ 罗马唯一的哥特式教堂，充满艺术感的教堂！

01 纳沃纳广场 100分！
罗马最华丽的广场之一 ★★★★★ 赏

说纳沃纳广场是罗马最漂亮的广场一点也不为过，这座椭圆形的广场从外观上看就好像一座椭圆形的竞技场，周围到处是充满古罗马风情的老建筑，吸引着来自世界各地的游客。广场上的几座喷泉是这里最大的特色，无论是南端的莫罗喷泉，还是位于中心的四河喷泉，都出自罗马最著名的设计师贝尔尼尼之手，精美的装饰很吸引人的眼球。在广场的西边还有一座圣阿格尼斯教堂，这座教堂是著名的设计师博罗米尼的作品，教堂旁边则是教皇英诺森十世的宫殿潘菲利宫。

Tips
🏛 Piazza Navona　🚌 乘70、81、90、492路公共汽车在Corso di Rinascimento站下

四河喷泉

广场上最知名的景点

四河喷泉是纳沃纳广场上最知名的景点之一,这座喷泉由著名设计师贝尔尼尼所设计建造。其中四河是指当时人们所知的四条大河——多瑙河、尼罗河、恒河与拉普拉塔河,它们被雕塑成四个老人的形象,簇拥在象征着天主教的尖塔周围,代表天主教在全世界的传播。此外,喷泉周围还有不少动物形象的雕塑,使整座喷泉显得活泼而富有情趣。

意大利攻略

罗马纳沃纳广场

02 Da Baffetto
罗马最好的比萨店 ★★★★★ 吃

　　Da Baffetto毗邻纳沃纳广场，号称罗马最好的比萨店。意大利大多数比萨店由于制作比萨的工序问题，多在晚上营业。不过一到下午，走过这家店的人就会被店前排起的长长人龙吓一跳。这家店一向以物美价廉而为人们所称道，这里的比萨饼都是传统的罗马薄皮型，是用古老的烧柴的火炉烤制而成，因此在香气四溢的饼中还带有一丝淡淡的木炭香味。咬上一口，立马会觉得排多长的队都是值得的。

Tips
📍 Via del Governo Vecchio 114 🚌 乘64、70、81路公交车在Vittorio Emanuelle II站下
☎ 06-6861617

070

03 百花广场
布鲁诺被处以火刑的广场

毗邻纳沃纳广场的百花广场在15世纪时曾经是罗马市的中心地带。1600年2月17日，被视为异端分子的布鲁诺修士就是在这里被处以火刑，后来人们为了纪念他，1887年在广场中央为他竖立了铜像。这个广场处处是人，还有各种卖鱼肉、花卉和蔬菜的商店，以及酒吧和咖啡屋，可以说尽是花香、菜香、咖啡香和喧嚷的人声。想要感受罗马一般市民平日生活气息的游客，不妨到这里走一走。

> **Tips**
> Campo dei Fior ¥免费 全天开放

04 圣阿格尼斯教堂
华丽的巴洛克风格建筑

毗邻纳沃纳广场的圣阿格尼斯教堂与广场上的四河喷泉相对而立。由教皇英诺森十世所喜爱的设计师、巴洛克建筑大师博罗米尼设计的这座教堂外观华美，与四河喷泉相映生辉。教堂内供奉着3世纪时在罗马殉教的圣女阿格尼斯的墓穴，吸引了众多游人来教堂参观。

关于这座教堂有一个民间传说，称贝尔尼尼的四河喷泉中"拉普拉塔河"塑像举着前伸的手臂是为了防止其对手博罗米尼设计的教堂倒塌。

> **Tips**
> Piazza Navona 乘70、81、90、492路公共汽车在Corso di Rinascimento站下

071

05 圣路易教堂
法国在罗马的国家教堂 ★★★★★ 赏

Tips
 Via Santa Giovanna d'Arco   06-6833818   8:00—12:30,15:30—19:30

圣路易教堂位于万神殿和纳沃纳广场之间，建于16世纪，是法国在罗马的国家教堂，由法国历史上最著名的"圣王"路易九世为它命名。在教堂周围有很多代表了法国形象的雕像，包括查理大帝、圣路易、圣克洛蒂尔德等。教堂内收藏着著名的画家卡拉瓦乔创作的马太三部曲，即《圣马太蒙召唤》、《圣马太与天使》和《圣马太殉教》，代表了法国艺术的最高成就。此外，这座教堂作为法国高级神职人员和侨民的墓地，也安葬着不少红衣主教和法国著名人物。

06 万神殿 90分！
令人惊叹的完美圆顶 ★★★★★ 赏

始建于公元前27年的万神殿最初是为庆祝奥古斯都大帝对安东尼和埃及艳后克里奥帕特拉的胜利而建的。118年，哈德良大帝增建了神殿的圆顶建筑，被米开朗基罗赞誉为"天使的设计"。万神殿的名字"Pantheon"中"Pan"是指"全部"，"theon"是"神"的意思，指供奉罗马全部的神。609年万神殿被圣化为基督教教堂，因而在中世纪消灭罗马异教痕迹的行动中逃过一劫，成为现今罗马城内遗留的古罗马时代建筑物中保存得最为完好的一座。万神殿拥有宏伟优雅的内部装饰，正面的16根圆柱让人联想到古希腊建筑，大圆顶的基座从总高度一半的地方开始建起，殿顶圆形曲线继续向下延伸形成的完整球体恰巧与地相接。整个殿堂内没有一根柱子，阳光透过圆顶上方直径达9米的圆洞洒入神殿内，营造出一种庄严肃穆的气氛，吸引了无数游人在这里驻足仰望。

Tips
 Piazza della Rotonda   06-68300230   免费   周一至周六9:00—18:00，周日9:00—13:00   乘地铁A线至Spagna站，穿过Via Condotti左转经Via del Corso直走，右转Via Caravita直走，步行约15分钟；或乘46、62、64、170、492路公交车至Largo di Torre站下，步行5分钟即达

07 Giolitti
连教皇都喜爱的老字号雪糕店 ★★★★ 吃

Giolitti是一家已经经营了百多年的老字号雪糕店，在整个意大利都声名远播，甚至连教皇都非常偏爱这里的雪糕口味。店内的雪糕品种多样，既有延续了百多年的古老口味，也有适合当下年轻人喜好的新潮味道，男女老少到这里都能买到自己心仪的雪糕。其中Coppa Giolitti是一种自1920年就已经开始销售的雪糕品种，而Coppa Olimpica更是为了迎接1960年罗马奥运会而推出的产品。至今这里依然门庭若市，无论是来自世界各地的游客还是当地的居民，都会来排队选购，有时还能看到附近的神职人员和议员的身影。

Tips
- Via del Governo Vecchio 114
- 乘64、70、81路公交车在Vittorio Emanuelle II站下
- 06-6861617

08 斯巴达美术馆
大主教的丰富收藏 ★★★★ 赏

斯巴达美术馆的前身是斯巴达宫内的一座建筑，是在17世纪时一场罗马富人们举办的建筑大赛中脱颖而出的杰出作品。这是一座典型的巴洛克风格建筑，无论是豪华的宫殿还是优雅的花园，都很具艺术感。斯巴达美术馆就位于这座宫殿的花园一侧，里面陈列的艺术品都是17世纪时的枢机主教斯巴达所珍藏的，其中有不少法兰德斯画派的画作和古罗马时期的雕塑品，无论你是不是艺术爱好者，这里都值得一看。

Tips
- Piazza Capo di Ferro, 3, 00186 Roma
- 06-6861158

意大利攻略 罗马纳沃纳广场

意大利攻略 罗马纳沃纳广场

09 Papa Giovanni
意大利十大餐厅之一   ★★★★★ 吃

位于Via dei Sediari大街的Papa Giovanni餐厅以美酒和松露料理而闻名，曾荣获多项美食大奖，并被选为意大利十大餐厅之一，其美味可见一斑。除了精致美味的料理外，餐厅地下室还有3座酒窖，收藏了产自世界各地的美酒，食客在这里不仅可以享用美味的料理，还能品尝各种美酒。

Tips
🏠 Via dei Sediari 4　📞 06-6865308（请先预约）
🕐 周一至周六12:30—14:00，20:00—22:30；周日及8月份休息　🚌 乘86、117路公交车至Corso di Rinascimento，右转进Largo Sapienza直走，经Via dei Sediari步行约5分钟即达

10 法尔内塞宫
法国驻意大利大使馆   ★★★★ 赏

法尔内塞宫目前是法国驻意大利大使馆，是1517年由当地的法尔内塞家族所设计兴建的。据说在这座建筑长长的设计师名单中，还包括米开朗基罗等举世闻名的大师。因此这座汇集了多位大师心血结晶的建筑，也就成了罗马最重要的文艺复兴时期建筑。在法尔内塞宫内有16世纪末所绘制的长长的连环壁画《The Loves of the Gods》，反映出了当时巴洛克风格和古典主义的激烈碰撞。此外，这里还收藏有不少精美的雕塑和绘画，很多都出自名家之手。

Tips
🏠 Piazza Farnese, 67, 00186 Roma

11 密涅瓦的圣母教堂 75分!
●●● 经典的哥特式教堂建筑 ★★★★ 赏

　　建于13世纪的密涅瓦的圣母教堂因其位于密涅瓦神殿废墟上而得名，是罗马城内极少数的哥特式风格建筑。密涅瓦的圣母教堂外有一座由贝尔尼尼设计的方尖碑，基座由象征智慧与慈悲的大象构成，具有独特的美感。教堂内的阿尔多布兰蒂尼小教堂充满着优美典雅的文艺复兴风情，这里安葬着美第奇家族出身的教皇利奥十世和克莱门特七世。

Tips
- Piazza della Minerva　☎ 06-6793926
- ⏰ 7:00—19:15

12 国立罗马博物馆
●●● 古罗马的艺术瑰宝 ★★★★ 赏

　　成立于1889年的国立罗马博物馆建筑主体由迪欧克·雷济安诺大浴场改建而成。在博物馆内收藏了大量1870年之前在罗马出土的文物与艺术品，其中由米开朗基罗设计的天使的圣母教堂中庭主要展示了石棺、马赛克壁画等；马西莫宫则展示了众多古罗马的人物石雕；八角厅是一幢充满古罗马风情的砖砌八角圆柱浴场，陈列着大量精美的大型铜雕，其中《休息的拳击手》雕像的手部还缠着布条，其栩栩如生的神态吸引了众多游人的目光。

Tips
- Largo di Villa Peretti 1　☎ 06-39967700
- ⏰ 周二至周日9:00—19:45

13 圣安德烈教堂
●●● 罗马第二大穹顶 ★★★★ 赏

　　圣安德烈教堂建于17世纪，虽然不是什么大师的名作，但是走进这座教堂立刻就会被里面精美的壁画和金碧辉煌的装饰所震撼。高达80米、直径16米的大穹顶是罗马城中第二大穹顶，站在穹顶下仰望，整个人都变得渺小起来。此外，这里满眼都是各种精美的壁画，天花板上、墙上、柱子上，让人目不暇接，内容涵盖了《圣经》中的各种神奇故事，简直像一座艺术馆。这里的光源都是自然光，在自然光的照射下，所有的画更显出一种神圣感。

Tips
- Piazza Vidoni, 6, 00186 Roma　☎ 06-6861339

意大利攻略　罗马纳沃纳广场

075

意大利
攻略HOW

Part.5
罗马越台伯河区

位于台伯河右岸的越台伯河区内随处可见曲折蜿蜒的街巷和古朴的老式建筑，充满浓郁的中世纪风情，也吸引了大量游客光顾。

意大利攻略 | 罗马越台伯河区

罗马越台伯河区 特别看点！

第1名！
台伯河！
100分！ 
★ 罗马的"母亲河"，哺育罗马的生命之源！

第2名！
台伯利纳岛！
90分！ 
★ 台伯河上的小岛，罗马境内唯一的小岛！

第3名！
越台伯的圣母玛利亚教堂！ 
75分！
★ 罗马第一家基督教教堂，越台伯河区最大的教堂！

01 台伯河 100分！
● ● ● 罗马的母亲河 ★★★★ 赏

　　台伯河是罗马市内最主要的一条河流，也是仅次于波河和阿迪杰河的意大利第三长河。它源自亚平宁山脉富默奥洛山西坡，向南穿过一系列山峡和宽谷，流经罗马后，于奥斯蒂亚附近注入地中海的第勒尼安海。台伯河在低山地区缓慢地流淌，在沼泽地带折向海岸线，是从亚平宁山区直达大海的理想通道。

　　台伯河上少有游船。沿岸走来只见河中处处是碎石浅滩，保留着天然河流的野性。河岸两边也没有什么人造的修饰，只有古老的残墩掩映在郁郁葱葱的树木之间，和河水相映生辉。

　　市区的河两岸常能见到法国梧桐，巨大的叶子层层叠叠地盖在河水之上，为古老的罗马增添了不少浪漫的气息。

　　台伯河的河水不算清澈，枯水期两岸的青苔挂满堤岸。河的一边是罗马的左岸，安静、古朴，石板间满是风尘仆仆的记忆，像坐在屋檐下晒太阳的老者，或许目光滞然，或许带着笑容，手背和额头的皱纹间皆是尘土。横跨台伯河的石桥在罗马有很多，最有名的就是圣天使桥，也就是十二天使桥。这座桥直接通向圣天使堡，桥上12座天使雕像座座惟妙惟肖。欧洲人并不以数量多为美，而是更讲究适量和精致。这一点在圣天使桥的设计上便体现得淋漓尽致。

　　河流静静穿越罗马城，时而急，时而缓，台伯河野性中透着灵气。它并没有因为古老而显得破败腐朽，这也正是罗马的性格——生机勃勃的古城。

> **Tips**
> 穿过罗马市区

078

02 Ivo

意大利菜的人气老店　★★★★　吃

开业于1962年的Ivo地处罗马市内最具中古世纪风情的越台伯河区，是一家人气颇高的意大利菜老店。在Ivo餐厅门前有一座颇为引人注目的烤炉，除了吸引过往行人的注意外，也可以现场制作美味的香脆比萨。此外，游人在越台伯河区游览之余，还可以坐在Ivo的露天座位上小憩片刻，品尝这里提供的各种美味意大利菜肴。

Tips
🏠 Via San Francesco a Ripa 158　☎ 06-5817082　🕐 18:30—次日1:30，周二休息　🚌 乘44、75、280、H路公交车或8号电车至Viale Trastevere，转进Via S Francesco，直走步行约7分钟

03 台伯利纳岛 （90分！）

台伯河上的小岛　★★★★★　赏

台伯利纳岛是一座位于罗马市内台伯河上的小岛，也是台伯河在罗马境内唯一的一座小岛。从古罗马时期开始，这座小岛就通过桥梁和罗马市内相连。不过这里最初是关押重刑犯人和流放传染病人的地方，在很长一段时间内人们避之唯恐不及，后来，这里建起了圣巴托洛梅奥神殿，方才吸引了人们的关注。如今这里也是罗马市内不错的旅游景点，不但有各种古代遗迹，还有神殿建筑。人们更可以站在岛上，听滔滔河水撞击小岛发出的响声，这也是一番不错的体验。

Tips
🏠 isola tiberina

04 卢卡提诺

●●● 轻松享用乡村美食的餐馆　　★★★★ 吃

　　位于罗马市内越台伯河区的卢卡提诺地处Viale di Trastavere大道旁，是越台伯河区历史最悠久的一家小酒馆。卢卡提诺毗邻的道路是越台伯河区最吸引人的地方，石板铺成的道路弯曲迷人，充满了休闲安逸的氛围。游人在越台伯河区游览之余，可以来到卢卡提诺，享受一餐这里的美味菜肴，感受罗马人最普通的日常生活。

> **Tips**
> 🏠 Piazza Sonnino 6/via DellaLungaretta
> ☎ 06-5882101

05 Sebatini

●●● 美味的罗马传统料理　　★★★★ 吃

> **Tips**
> 🏠 Piazza S. Maria in Trastevere 13　☎ 06-5812026　🕒 12:30－14:45,19:45－23:30　🚌 乘44、75、280、H路公交车或乘8号电车至Viale Trastevere，转Via S Francesco a Ripa，直行约10分钟即达

　　创立于1958年的Sebatini地处罗马市内最具中古世纪风情的越台伯河区，毗邻风景优美的圣母广场，是一家拥有50余年历史的老字号餐馆。游人在Sebatini除了可以品尝到美味的罗马传统料理及小羊肉料理外，还可以品尝厨师精心烹制的各种新鲜美味的海鲜料理。

06 圣莎比娜教堂

历史悠久的早期基督教教堂

始建于422年的圣莎比娜教堂是一幢风格简约的建筑。不同于罗马城内大量巴洛克风格的教堂，圣莎比娜教堂由受君士坦丁会堂影响的3个中殿、圆柱拱廊以及架高的窗户构成，其原始的木门与回廊无不散发着古老气息，吸引了众多游人慕名而来，感受早期罗马基督教教堂的古朴风韵。

Tips

- Via Santa Sabina
- 06-57940600
- 6:30—12:45, 15:30—19:00

意大利攻略 · 罗马越台伯河区

07 越台伯的圣母玛利亚教堂 75分!

罗马第一家基督教教堂 ★★★★★ 赏

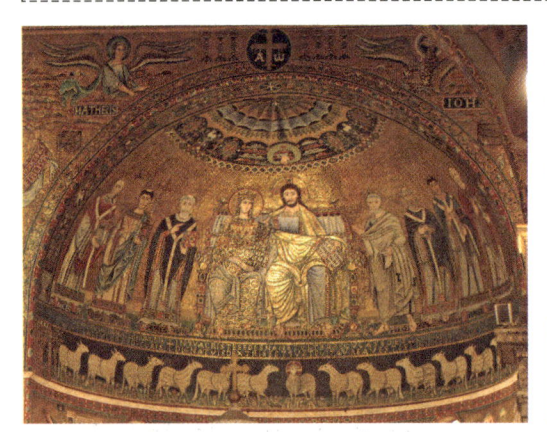

越台伯的圣母玛利亚教堂是罗马第一座祭祀圣母玛利亚的教堂，建于公元3世纪。教堂地处越台伯河区的中心位置，长56米，宽30米，是当地最大的教堂，同时也是罗马第一家基督教教堂。在漫长的历史时期中，这座教堂经过了多次扩建和重建，如今遗留下来的建筑是12世纪时所修建的，在教堂内能看到13世纪时候的马赛克画、16世纪的壁画，还有多个装饰精美的小礼拜堂，来到这里能感受到这座历史悠久的教堂多彩的艺术。

Tips
Via della Paglia, 14, 00153 Roma　06-5896460

08 国立古典艺术馆

两位大师共同设计的作品 ★★★★ 赏

由著名的巴洛克大师贝尔尼尼和博罗米尼共同设计完成，馆内正面两道阶梯正是由这两位大师分别设计的，仔细比较就能发现其中的细微差别。在这座美术馆里收藏了大量从12世纪到18世纪的精美艺术品，包括麦尔提尼、安捷里科、拉斐尔、提慈阿诺、里皮等文艺复兴时期的大家名作。

Tips
Via della Lungara, 10, 00165 Roma　06-68802323

09 越台伯河区

古色古香的罗马旧城区 ★★★★ 赏

Tips
- 台伯河右岸
- 乘64路公交车至Lago di Torre Argentina

位于台伯河右岸、Gianicolo山脚下的越台伯河区是罗马人最爱聚集的城区，其弯曲的小巷与两侧古老的建筑充满了古朴的历史风韵。越台伯河区的魅力在于这里保存完好的中世纪风情，街巷两旁林立着的众多餐馆、小酒吧，是罗马年轻人夜生活的最爱。此外，地处越台伯河区的圣母教堂是基督教在罗马的第一个正式教堂，相传是由教皇卡利斯多一世于3世纪时修建，当时罗马的基督教信仰尚未普遍。教堂直到12世纪才最终完工。

10 保罗喷泉

雕塑精美的喷泉 ★★★★ 赏

在罗马可以看到无数大大小小的喷泉，其中保罗喷泉是非常著名的一座。这处喷泉位于贾尼科洛山下，临近蒙特里欧的圣彼得教堂，它的名字是取自当时的教皇保罗五世。这座喷泉的造型好似一座凯旋门，通体使用白色的大理石制成。上面还有不少以圣经故事作为题材的浮雕，喷泉顶部还有教皇的头饰式样的装饰，整体显得十分神圣。而喷泉水则从下面五个盆状的出水口喷出，水质清澈，每到夏天这里总是透出一丝丝阴凉，让人能祛除强烈的暑气。

Tips
- Via Garibaldi, 00153 Roma

11 蒙特里欧的圣彼得教堂

圣彼得的殉教之处 ★★★ 赏

蒙特里欧的圣彼得教堂位于罗马的蒙特里欧，传说这里是圣彼得殉教的地方，因此人们在这里建起教堂纪念这位圣人。这是意大利文艺复兴时期的著名建筑，从整体看，教堂呈圆形，周围有一圈多立克式的柱廊，和教堂的主体很好地融为一体。此外，这座教堂的集中式穹顶也很有特色，这在当时的西欧是前所未有的大幅度创新，因此被人们奉为经典，对后世的教堂建筑有很深的影响。

Tips
- Piazza di San Pietro in Montorio, 3, 00153 Roma
- 06-5813940

意大利
攻略HOW

Part.6 罗马威尼斯广场

位于罗马市中心的威尼斯广场是罗马规模最大的城市广场,有五条市内主要干道在这里交会,是罗马市内最繁华热闹的地方。

罗马威尼斯广场 特别看点！

意大利攻略 / 罗马威尼斯广场

第1名！
威尼斯广场！
100分！ 
★ 罗马车流和人流的汇集地，纪念意大利统一的标志！

第2名！
图拉真广场！
90分！
★ 罗马最后一座帝国议事广场，记载图拉真大帝的丰功伟绩！

第3名！
卡比托利欧广场！
75分！
★ 由米开朗基罗设计的广场，罗马市的政治中心！

---

01 威尼斯广场 (100分！)
罗马市中心最大的广场 ★★★★ 逛

　　罗马市中心5条大街汇合处的威尼斯广场是罗马市中心最大的广场，广场中央原先是公交车、出租车和观光马车等的聚集地。从1980年下半年起，罗马市政府对它进行了整顿，使之更加美丽壮观。

　　威尼斯广场西面是罗马最著名的文艺复兴时期的宫殿式建筑——由巴尔保枢机主教于1455年兴建的威尼斯大厦，1943年威尼斯大厦改为对公众开放的艺术博物馆，广场也因威尼斯大厦而得名；广场东侧的威尼斯保险总公司大楼，是马纳塞于1911年仿照对面的威尼斯大厦而建的，大楼中间用作为威尼斯标志的狮像。

　　威尼斯广场南面，有一座巍峨的白色大理石建筑——始建于1885年，于1911年落成的祖国祭坛。作为意大利独立和统一的象征，祖国祭坛是为纪念意大利开国国王埃马努埃莱二世而建。每年意大利国庆日，意大利共和国总统都要亲自主持向无名英雄献花圈的仪式。

> **Tips**
> 🏛 Piazza Venezia/Via del Plebiscito 118　💰 免费　🕐 全天开放　🚇 乘地铁B线至Colosseo站，出站右转直走，过古罗马遗迹区步行约5分钟即达

086

02 图拉真广场 90分!

罗马最后一座帝国议事广场 ★★★★ 逛

Tips
- Via IV Novembre
- 乘地铁B线在Colosseo站下
- ☎ 06-82059127

图拉真广场位于威尼斯广场一侧，这里是罗马最后一座帝国议事广场。这座广场以被称作罗马五贤帝之一的图拉真大帝的名字命名。广场上的建筑采用了很多东方君主制国家的建筑风格，主要的建筑都位于中轴线上，而且分层而建，两侧对称，体现了皇权的神圣不可侵犯。同时，这里通过大量的浮雕来叙述图拉真大帝的赫赫武功，这些浮雕按照故事情节分段，其中人物有2500余个，堪称艺术史上不可多得的精品。此外，这里在过去还是主要的集贸市场，人们能在这里买到各种生活用品。

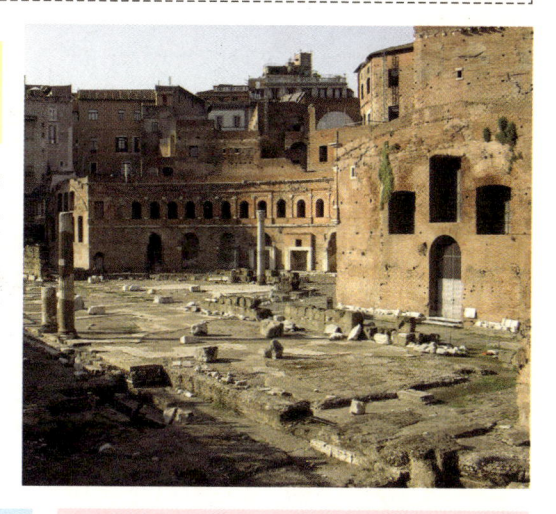

必玩 图拉真柱
记载大帝的丰功伟绩

图拉真柱是图拉真广场上的标志性建筑物，这根柱子高27米，完全由大理石制成，柱顶上矗立着图拉真大帝的铜像。柱身则环绕着23圈饰带浮雕，浮雕共200多米，讲述了图拉真率军征服达西亚的战争，向每一个来这里的人炫耀着这位伟大帝王的彪炳功绩。

意大利攻略 — 罗马威尼斯广场

意大利攻略 | 罗马威尼斯广场

03 卡比托利欧广场 75分!
"全世界的首都" ★★★★ 赏

> **Tips**
> 🏛 Piazza del Campidoglio 1 ☎ 06-67102475
> ¥ 6.5欧元 🕙 周二至周六9:00—20:00，周日9:00—14:00 🚇 乘地铁B线至Colosseo站，过竞技场往古罗马遗迹区直走至威尼斯广场，面向广场向右后侧上阶梯，步行约7分钟；或由特米尼火车站乘64路公交车至白色的威尼斯宫

　　地处小山丘上的卡比托利欧从拉丁"Capitolinum"衍生而来，其原意为"世界的首都"。在罗马历史上，卡比托利欧曾是罗马帝国的卫城所在，当时的政治与宗教仪式全在这里举行，现今则是罗马市政厅所在地。游人在卡比托利欧广场看到的建筑由米开朗基罗于16世纪设计完成，大阶梯斜坡、广场左右两侧的新宫与保守宫都美轮美奂，是收藏了大量古罗马石雕和绘画作品的博物馆。此外，游人还可在卡比托利欧广场一览罗马城的都市风光，感受这座"全世界首都"的迷人之处。

04 耶稣教堂
第一座巴洛克建筑 ★★★★ 赏

> **Tips**
> 🏛 耶稣广场 ☎ 06-69700232 🕙 6:00—12:30，16:00—19:00

　　位于耶稣广场的耶稣教堂是由意大利文艺复兴晚期著名建筑师、建筑理论家维尼奥拉设计的。耶稣教堂作为维尼奥拉由手法主义向巴洛克风格过渡的代表作，被誉为"巴洛克艺术的瑰宝"，也被称为"世界上第一座巴洛克风格的建筑"。耶稣教堂的圣坛装饰富丽而自由，教堂内还有一座装饰奢华的坟墓，青铜扶手上装饰着生动活泼的孩童雕像，和由大理石及金银雕刻而成的圣徒雕像一样栩栩如生。圣坛上方的地球仪则是用世界上最大的青金石制作而成。作为巴洛克风格的开山之作，耶稣教堂冲破了文艺复兴晚期古典主义者制定的种种清规戒律，反映了设计者向往自由的世俗思想。

088

05 阿根廷剧院
罗马历史最悠久的剧院 ★★★★ 娱

Tips
- Largo di Torre Argentina　06-68804601
- 周一至周六10:00—14:00,16:00—19:00；有演出时至20:00　由特米尼火车站乘64路公交车或8号电车至Via Arenula站,下车即达

建于1732年的阿根廷剧院地处百花广场与威尼斯广场之间,是罗马市内一处重要的表演场地,有近300年的历史。意大利歌剧作家罗西尼的《塞维利亚的理发师》就是在这里首演的,此外还有无数知名音乐家和剧团都曾经在这里演出过,各种流行的戏剧和音乐表演也提高了阿根廷剧院的名声,这些与剧院内辉煌壮丽的天花板和壁画一同吸引了众多游人慕名而来。

06 马切罗剧院
曾经的罗马第二大剧场 ★★★★ 赏

Tips
- Via di Monte Savello, 30, 00186 Roma
- 06-6861570

马切罗剧院是一座建于古罗马时期的露天剧院,是以奥古斯都皇帝的侄子马切罗的名字命名的。这座剧场呈圆形,直径110米,最初可以容纳11000多名观众,号称罗马第二大剧场。如今这里除了一、两层还留有一些拱门遗迹外,其他地方早已看不到任何剧院的影子了。从废墟可以看出这里主要用凝固的火山岩建成,从下到上分别使用了多立克式、爱奥尼亚式和科林斯式柱子,可以说是汇集了罗马建筑的精髓。

意大利攻略　罗马威尼斯广场

089

意大利
攻略HOW

Part.7 罗马其他

古罗马历史悠久，版图最大，曾经辉煌一时。现在的意大利还有很多古罗马的历史遗迹，这些历史遗迹见证了古罗马的空前繁荣与落寞！

意大利攻略 罗马其他

罗马其他 特别看点！

第1名！
帕拉蒂尼山丘！
100分！
★ 古罗马贵族的别墅区，罗马建国的胜地！

第2名！
阿皮亚古道！ 
90分！
★ 有两千多年历史的古道！

第3名！
阿德里亚诺别墅！ 
75分！
★ 古罗马皇帝的度假别墅！

01 帕拉蒂尼山丘 100分！
古罗马贵族的别墅区 ★★★★★ 赏

帕拉蒂尼山丘是个小山丘，当年是罗马建国的胜地，据说罗马城的建造者罗慕路斯就是在这座山丘上建立了罗马第一个群落。在罗马共和时代，有许多贵族都是居住在此处，就连奥古斯都皇帝也在这里修建了豪华的宅邸和广场。奥古斯都的宅邸后来被并入弗拉维亚家族的豪宅，成为帕拉蒂尼山丘现今最引人注目的地方。如今喷泉与花园依旧美丽，游人还可在山丘峭壁上修建的塞提米欧塞维罗皇宫前一览大竞技场的风景。

Tips
🏠 Via del Fori Imperiali ☎ 06-6990110、36004399　💰 持竞技场联票入场（13.5欧元）
🕐 周一至周日8:30—17:30　🚇 乘地铁B线至Colosseo站，走出古罗马广场的凯旋门，上坡即达

092

02 阿皮亚古道 (90分!)

● ● ● 2000余年的古道

位于罗马市区东南侧圣塞巴斯蒂安门外的阿皮亚古道是公元前312年罗马执政官阿皮欧·克劳迪奥修建的。由于古罗马人"生于城内，卒于城外"的民俗，城外的阿皮亚古道两侧散落着大量各式各样的墓冢，其中还包括对外开放的圣卡里斯托、圣塞巴斯提亚诺和多米提拉3处集体地下墓穴。此外，在阿皮亚古道周围，还有绵延的圆拱水道和古罗马别墅的遗迹，充满了历史的古老风韵。

Tips
- Via Appia Antica 58
- 06-51301580
- 6欧元，优惠票3元
- 夏季：周一至周日9:30—17:30；冬季：周一至周日9:30—16:30
- 由威尼斯广场乘Via Appia Antica专车（7.75欧元）；或由拉特兰圣乔凡尼大教堂乘218路公交车至墓穴前。请避免周日前往，许多公交车会改道

03 阿德里亚诺别墅 (75分!)

● ● ● 古罗马皇帝的度假别墅

Tips
- Largo Marguerite Yourcenar, 100010 Tivoli RM
- 06-530203
- 在蒂沃利市乘出租车前往

阿德里亚诺别墅位于蒂沃利市郊的山脚下，与远处的罗马城遥遥相望，原为古罗马帝国的皇帝阿德里亚诺所建，故由此而得名。整个建筑群落周长约5公里，包括宫殿、神庙、剧场、图书馆、浴场和花园等。

阿德里亚诺皇帝自身的文化和艺术素养极高，据说他曾经亲自设计了罗马城中希腊与罗马风格和谐结合的万神殿，所以这处同样经由他规划建造的别墅亦是隽美非凡，以其园林之美、馆阁布局错落有致、复杂多变而著称于世，无一处细节不展现出精致高雅的意境。

04 卡拉卡拉浴场

古罗马的公共浴池　★★★★ 赏

　　艾文汀山下的新大学城上是卡拉卡拉公共浴场的古遗迹，现在这里已成为意大利每年8月举行"露天歌剧季"的地方。卡拉卡拉公共浴场是罗马皇帝谢普提米乌斯·塞维鲁于206年所建，217年由他的儿子卡拉卡拉完成，所以称为卡拉卡拉公共浴场。浴场一直都可以使用，直到6世纪哥特人入侵破坏了城里的沟渠才停用。

　　卡拉卡拉公共浴场不仅仅是个洗澡的地方，人们还可以在这里进行很多活动。浴场可容纳约1600人，里面设施齐全，有艺术馆、画廊、室内体操室、花园、图书馆、会议室、演讲台，还有卖饮料和食品的小商店。

Tips

🏛 Via delle Terme di Caracalla 52　☎ 06-5758626　💰 6欧元　🕘 9:00—19:30（冬季至16:30）；周二9:00—14:00；周一休息　🚇 乘地铁B线至Circo Massimo站，往绿荫大道直走约3分钟；或由威尼斯广场乘628路公交车，过上述地铁站的下一站公交车站下车，即可看到浴场

05 欧斯提亚古城
古罗马时代的海港城市

★★★★ 赏

Tips
- Via dei Romagnoli 117　☎ 06-56358099
- 4月至10月8:30—19:00；11月至次年3月周二至周日8:30—17:00　乘火车至Ostia Antica站

位于台伯河入海口的欧斯提亚古城始建于公元前4世纪，曾是古罗马时代防御外敌入侵、用于防御从水路进犯的罗马敌军的要塞，之后逐渐发展成为一座拥有城墙、城门和宽阔大道的海港城市，并在1~3世纪发展至顶峰。现今的欧斯提亚古城中由大块火山岩铺成的大道依旧平坦，道路两旁林立着剧场、神殿、城市广场、市集、小磨坊、公共浴场、普通民居等古建筑。透过那些屹立不倒的拱廊和精美的马赛克与石雕，游人依旧可以感受到这座拥有2000余年历史的古罗马海港城市曾经的风貌。

意大利
攻略HOW

Part.8 梵蒂冈

作为世界上最小的国家，梵蒂冈是天主教廷的所在地。历史悠久的圣彼得广场、圣彼得大教堂、宗座宫、教皇避暑胜地和梵蒂冈博物馆等建筑宏伟典雅，浓缩了基督教世界两千年的历史。

梵蒂冈 特别看点！

意大利攻略 — 梵蒂冈

第1名！ 圣彼得大教堂！
100分！
★ 雄伟壮观的大教堂，罗马教廷的核心！

第2名！ 梵蒂冈博物馆！
90分！
★ 世界著名的博物馆，浓缩基督教世界两千年的历史！

第3名！ 圣彼得广场！
75分！
★ 圣彼得大教堂的殿前广场，宏伟的椭圆形广场。

---

01 圣彼得大教堂 100分！
基督教世界最神圣的大教堂 ★★★★★ 赏

Tips

📍 Piazza San Pietro　☎ 06-69883462，导览预约电话06-69885100　💰 免费　🕐 4月至9月7:00—19:00；10月至次年3月7:00—18:00(圆顶8:00至教堂休息1个小时前)　🚇 乘地铁A线至圣彼得大教堂北方的Cipro Musei Vaticani站，步行约5分钟；或至圣彼得大教堂北方的Ottaviano站，由S. Pietro出口，沿Via Ottaviano朝古城墙步行约7分钟即达；或由特米尼火车站乘64路公交车至圣彼得大教堂城墙旁；或由竞技场乘81路公交车至Piazza Risorgimento站

始建于4世纪的圣彼得大教堂最初是君士坦丁大帝下令在圣彼得墓上修建的长方形会堂，1452年尼古拉五世下令重建早已老旧的教堂，在文艺复兴时期由布拉曼特建成教堂，之后圣迦罗、拉斐尔、米开朗基罗等相继参加重建，1626年才全部完成。圣彼得大教堂最为引人注目的就是由米开朗基罗设计的高达132.5米的巨大圆顶，大圆屋顶下是贝尔尼尼用青铜盖覆盖着的教皇祭坛。下面的礼拜堂里有圣彼得的墓，墓前跪着的是由新古典主义雕刻家卡诺巴创作的教皇庇奥六世像。

游人进入大教堂后，在右边走廊里可以欣赏到米开朗基罗25岁时完成的《哀悼基督》，虽然只能隔着玻璃欣赏，但作品仍然能打动人们的心，令游人沉醉于美丽的艺术之中。大圆屋顶的入口在面向教堂外侧正面的右手边。尽管有电梯，不过游客要到屋顶花园必须要登330级台阶，从屋顶眺望圣彼得广场的夕阳是最美的。

098

02 圣彼得广场 75分！

● ● ● 椭圆形的宏伟广场　　★★★★★ 赏

　　由巴洛克大师贝尔尼尼在1656—1667年期间设计建造的圣彼得广场，是一座宽达240米的椭圆形大广场，广场周围成半圆形的长廊里有4列共284根多利安柱式的圆柱，圆柱上面是140个圣人像。中央矗立的巨大方尖碑高25.5米，重320吨，是公元40年由埃及不远万里运来的，它曾被摆放在尼禄的圆形竞技场中。

　　椭圆形的圣彼得广场左右两个圆心的位置各有一座喷泉，右边的喷泉是玛德尔诺17世纪时设计修建的，左侧的是贝尔尼尼设计、后来修的复制品。作为基督教世界最神圣的象征之一，圣彼得广场与之后的圣彼得大教堂代表了耶稣的身体与张开的双臂，随时准备拥抱从世界各地前来的信徒。此外，教皇每个星期天的正午时分也会出现在最顶层右边的第二个窗口，向广场上聚集的人们祝福。

> **Tips**
>
> 🏠 Piazza San Pietro ☎ 06-69883462，导览预约电话06-69885100（导览团21.5欧元，学生18欧元，请到最旁边的学生售票柜台）💴 免费 🚌 乘地铁A线至圣彼得大教堂北方的Cipro Musei Vaticani站，步行约5分钟；或至圣彼得大教堂北方的Ottaviano站，由S. Pietro出口沿Via Ottaviano，朝古城墙步行约7分钟即达；或由特米尼火车站乘64路公交车至圣彼得大教堂城墙旁；或由竞技场乘81路公交车至Piazza Risorgimento站

意大利攻略　梵蒂冈

099

03 梵蒂冈博物馆 90分!

● ● ● 世界上最早的博物馆 ★★★★★ 赏

> **Tips**
>
> 📍 Piazza San Pietro ☎ 06-69883333 💰 14欧元，优惠票8欧元，网络预定需再加4欧元 🕐 周一至周六8:45—16:00(11月、12月至13:45)；每个月最后一个周六也开放；每个月最后一个周日免费参观8:30—12:30(14:00闭馆)；天主教节日不对外开放 🚇 乘地铁A线至圣彼得大教堂北方的Cipro Musei Vaticani站，步行约5分钟；或至圣彼得大教堂北方的Ottaviano站，由S. Pietro出口沿Via Ottaviano朝古城墙步行约7分钟即达；或由特米尼火车站乘64路公交车至圣彼得大教堂城墙旁；或由竞技场乘81路公交车至Piazza Risorgimento站

可以与伦敦大英博物馆和巴黎卢浮宫相媲美的梵蒂冈博物馆，位于圣彼得大教堂的北面，其前身是一座教皇宫廷。作为世界上最早开设的博物馆，梵蒂冈博物馆早在5世纪末就已有雏形，博物馆内分为12个小博物馆和5个艺术长廊，还包括屋顶花园，收藏的展品包括古希腊、古埃及、文艺复兴以及现代艺术品，不论是公元前1世纪时的希腊雕刻群像《拉奥孔》，还是古罗马时期的《观景台的阿波罗》雕像，以及米开朗基罗在西斯廷礼拜堂创作的《创世纪》和《最后的审判》，都堪称无与伦比的艺术珍品，吸引了世界各地的游人慕名而来。

04 梵蒂冈花园

梵蒂冈的美丽花园

梵蒂冈花园被圣彼得大教堂、梵蒂冈博物馆和梵蒂冈城墙包围在内，从外界是看不到的，但当游人来到圣彼得大教堂的圆顶或参观梵蒂冈博物馆时，就能看到部分绿意盎然的花园景致了。花园已经有800多年的历史，花园里花木茂盛、古树参天，各种花草维护得相当用心。此外，在众多奇花异草之间，还散落着国务院、行政大楼和法院等机构，也设有一般日常生活机构，如电台、报社、消防队、邮局、药局、免税商店等——凡是一个国家所应具有的，这里一应俱全。游人在参观花园时如果是按着顺时针的顺序来逛，可以依次看到3个著名景点:马赛克工作室、总司铎楼、米开朗基罗的工作室。

Tips

🏛 梵蒂冈山上　💴 须事先提出申请　🚇 乘地铁A线至圣彼得大教堂北方的Cipro Musei Vaticani站，步行约5分钟；或至圣彼得大教堂北方的Ottaviano站，由S. Pietro出口沿Via Ottaviano朝古城墙步行约7分钟即达；或由特米尼火车站乘64路公交车至圣彼得大教堂城墙旁；或由竞技场乘81路公交车至Piazza Risorgimento站

意大利攻略　梵蒂冈

101

05 拉斐尔画室

梵蒂冈博物馆的重点 ★★★★★ 赏

　　拉斐尔画室是梵蒂冈博物馆的重点所在，主体是4个房间中拉斐尔的壁画杰作，因此命名为"画室"。4幅壁画分别在1508—1511年拉斐尔25—28岁期间完成。

　　拉斐尔画室第一个房间的壁画是《梵蒂冈的火灾》，据说847年梵蒂冈城发生大火，由于站在画面后上方的教皇利奥四世挥手划了十字架，大火立刻熄灭；第二个房间右面的壁画《圣事争论》是在1509—1510年完成的，《雅典的学院》位于第二个房间左面，画面以表现古代雅典柏拉图的学院为背景，将地中海沿岸各国的古今著名学者齐聚一堂；第三个房间的壁画《埃里奥多罗被逐出圣殿》是在1512—1514年完成的；而油画《西斯廷圣母》则是拉斐尔圣母画的主要代表作之一，在他大量圣母图中被公认为杰作，从构思到画工均显出画家严肃的深思，反映了拉斐尔的人道精神、文化素养和完美的技巧。

> **Tips**
> 🏛 Piazza San Pietro ☎ 06-69883333 💰 14欧元，优惠票8欧元，网络预定需再加4欧元 🕐 周一至周六8:45—16:00(11月、12月至13:45)；每个月最后一个周六也开放；每个月最后一个周日免费参观8:30—12:30(14:00闭馆)；天主教节日不对外开放 🚇 乘地铁A线至圣彼得大教堂北方的Cipro Musei Vaticani站，步行约5分钟；或至圣彼得大教堂北方的Ottaviano站，由S.Pietro出口沿Via Ottaviano，朝古城墙步行约7分钟即达；或由特米尼火车站乘64路公交车至圣彼得大教堂城墙旁；或由竞技场乘81路公交车至Piazza Risorgimento站

06 西斯廷礼拜堂

意大利文艺复兴时期的绘画艺术精华 ★★★★★ 赏

集中了意大利文艺复兴时期的绘画艺术精华而闻名于世的西斯廷礼拜堂建于1480年，最初是教皇的私人礼拜堂，所以又被称为"西斯廷小教堂"。礼拜堂内没有柱子，侧墙的高处有6扇半圆拱形窗户，房顶呈穹隆形状。

现今的西斯廷礼拜堂因收藏了米开朗基罗、拉斐尔、波提切利等著名艺术大师的作品而闻名于世，堂内祭坛两侧墙壁各有6幅壁画，分别由平图里基奥、佩鲁吉诺、波提切利、科西莫·罗赛利、西尼奥利等名家创作，祭坛后正面墙上是米开朗基罗的名作《最后的审判》。礼拜堂房顶上是米开朗基罗创作的巨幅画作《创世纪》，带给仰望壁画的游人一种庄严肃穆、神圣可畏的感觉。礼拜堂侧墙上方窗户之间布有众多的教皇画像。每当重大礼仪性场合，侧墙下部都会用由拉斐尔设计、描绘《圣经》故事的挂毯加以装饰。

> **Tips**
> 🏠 Via Cesare Pascarella,12, 00153 Rome
> ☎ 327-6546936 🚇 乘地铁A线至圣彼得大教堂北方的Cipro Musei Vaticani站，步行约5分钟；或至圣彼得大教堂北方的Ottaviano站，由S. Pietro出口沿Via Ottaviano朝古城墙步行约7分钟即达；或由特米尼火车站乘64路公交车至圣彼得大教堂城墙旁；或由竞技场乘81路公交车至Piazza Risorgimento站

意大利攻略 / 梵蒂冈

103

意大利
攻略HOW

Part.9 米兰

位于意大利北部的米兰是世界时尚之都，是时尚界最有影响力的城市，同时也是意大利第二大城市和经济之都。作为伦巴第大区首府和米兰省省会，米兰拥有世界半数以上的著名品牌，位于世界五大时尚之都之首，也是阿玛尼、范思哲、PRADA、杜嘉班纳、华伦天奴、MOSCHINO等世界顶级服装的大本营，米兰时装周更是影响着世界时尚。

意大利攻略 米兰

米兰 特别看点！

第1名！
米兰大教堂！
100分！
★ 世界第二大教堂，拿破仑登基加冕的地方！

第2名！
维托里奥·埃马努埃莱二世拱廊！
90分！
★ 米兰的客厅，奢华典雅的拱廊！

第3名！
斯卡拉歌剧院！
75分！
★ 世界上最完美的歌剧院，美轮美奂的音乐圣殿！

---

01 米兰大教堂 100分！
欧洲中世纪最大的教堂 ★★★★★ 赏

意大利米兰大教堂是欧洲中世纪最大的教堂，可供4万人举行宗教活动。它始建于1386年，1485年才完成。这座教堂全都由白色大理石筑成，教堂的特点在它的外形。尖拱、壁柱、花窗棂，有135个尖塔，像浓密的塔林刺向天空，并且在每个塔尖上都有神的雕像。教堂的外部总共有2000多个雕像，甚为奇特。如果加上内部则总共有6000多个雕像，是世界上雕像最多的哥特式教堂。因此教堂建筑显得格外华丽热闹，具有世俗气息。

教堂内有高达107米的尖塔，出于15世纪意大利建筑巨匠伯鲁诺列斯基之手。塔顶上有圣母玛利亚金色的雕像，在阳光下显得光辉夺目、神奇壮丽。

Tips
📍 Piazza del Duomo ☎ 02-860358 🕐 教堂：7:00—19:00；登顶：3月至8月、11月9:00—17:45，其余为9:00—16:45 🚇 乘地铁红线或黄线至Duomo站，下车即达

106

02 维托里奥·埃马努埃莱二世拱廊

米兰人的"生活区"

90分！

★★★★ 赏

维托里奥·埃马努埃莱二世拱廊背靠大教堂，右侧雄伟壮丽，有于1877年完成的拱形玻璃的连拱廊直通向斯卡拉广场。连拱廊、天花板附近的绘画、人行道上的马赛克图案都很精致，是不能错过的景点。道路两旁有咖啡馆、餐馆、书店及汉堡包店，到处是休息的市民和观光客，常年都很热闹。穿过这条通道来到斯卡拉广场上，会看到达·芬奇的塑像。

> **Tips**
> 🏠 Piazza del Scala, piazza del Duomo　🚇 乘地铁红线或黄线至Duomo站，下车即达

意大利攻略　米兰

意大利攻略

米兰

03 斯卡拉歌剧院 75分!

全世界最著名的歌剧院之一 ★★★★★ 娱

Tips
- Piazza della Scala
- 02-8053418
- 5月至10月9:00—12:00，14:00—17:00；11月至次年4月周日不开放
- 乘地铁红线或黄线至Duomo站，下车即达

斯卡拉歌剧院启用首日上演的是安东尼奥·萨列里的歌剧《欧罗巴的现身》。

斯卡拉歌剧院是原址重建的第二座歌剧院，首座歌剧院于1776年2月25日在一个狂欢会后发生的一场火灾中焚毁。新古典建筑师皮尔马利尼设计的剧院有超过3000个座位及一个会堂，观众厅呈马蹄形，有6排奢华装饰的包厢，建成后旋即成为一众米兰贵族及富豪的集中地。1943年第二次世界大战期间，斯卡拉歌剧院在空袭中被严重炸毁。1946年5月11日，斯卡拉歌剧院按照原貌修复完成并重开，首场的演出便是令人难忘的由阿图罗·托斯卡尼尼指挥的音乐会。现今的斯卡拉歌剧院还设有剧院博物馆，展出大量有关歌剧及剧院历史的珍贵收藏，如画作、手稿、雕像、戏服及其他文件，其中威尔第的藏品占了两个展室。另外还设有剧院图书馆，收藏了8万册不同文字的戏剧艺术典籍。

04 斯福尔采斯科城堡

●●● 文艺复兴大师的杰作 ★★★★ 赏

建成于1466年的斯福尔采斯科城堡位于米兰市区中部偏西，是统治米兰公国的斯福尔采斯科家族所建，据说达·芬奇也参与了这座城堡的建设。宏伟的城堡由浅棕色的正方形城墙围绕，城墙上有高大的城楼，四角各有一个圆柱形的角楼。

斯福尔采斯科城堡内几个区域各有博物馆，有市立博物馆和展示埃及遗物的考古博物馆，二楼有画廊、乐器收藏室。藏品中有据说是米开朗基罗在去世前数日制作的《伦达尼尼的圣母哀痛耶稣》雕刻，就在一楼的一座大门上，实在不该错过。

城堡后面是圣匹沃内公园，很适合在阳光充足的下午一边吃着意大利美味的冰激凌，一边让逛了一天的身体充分休息。在街道和楼宇之间穿插着很多具有历史意义的绿地，其中瓜斯塔拉花园的历史可追溯到1781年，是城里最古老的花园。此外，游人还可以在1784年朱塞佩·皮埃尔马里尼设计的蒙塔内利花园的小路上散步，欣赏各种当地和异域的植物，并参观天文馆和自然历史博物馆。森皮奥内园、巴西里凯公园、王室别墅花园和意大利海员公园也都是游览时不错的选择。

Tips

Piazza Castello ☎ 02-62083940 城堡：周一至周日8:00—20:00；博物馆:冬季周二至周日9:00—17:30，夏季周二至周日9:30—19:00 乘地铁红线至Cailori或Cadorna站；或乘地铁绿线至Lanza或Cadorna站，下车即达

意大利攻略 米兰

109

05 感恩圣母堂

闻名世界的《最后的晚餐》

Tips

📍 Piazza Santa Maria delle Grazie ☎ 02-4676111,《最后的晚餐》预约电话02-89421146 ¥ 6.5欧元，另需1.5欧元预约费 🕐 教堂:7:00—12:30，15:00—19:00；《最后的晚餐》餐室:10月至次年5月周二至周日9:00—18:50，6月至9月周二至周五8:15—18:45，周六至22:15 🚇 乘地铁红线至Conciliazione或Cadorna站；或乘地铁绿线至Cadorna站，下车即达

建于1490年的感恩圣母堂由索拉里设计完成，是一幢外观非常漂亮、典型伦巴第风格的红砖建筑。由于教堂曾被改造成为斯福尔采斯科家族的坟墓，并拆除了原先的后殿，重建为文艺复兴风格的布道台，故教堂内外呈现出两种截然不同的风格。毗邻教堂一侧的餐厅墙壁上绘制有达·芬奇于1495年完成的名画《最后的晚餐》，达·芬奇以其深厚的科学造诣，大胆打破常规的绘画技巧，创造了独特的透视效果。由于《最后的晚餐》是一幅油画而非传统的湿壁画，非常容易受到外界环境的侵蚀，所以数百年来曾多次进行修复，以致面目全非。直到1999年，艺术家和科学家对其进行了大规模的修复：恢复原有色彩，并且去除了之前修复时覆盖的颜料，才使之最大限度地恢复了本来面目，吸引了世界各地的游人慕名前来欣赏这幅艺术珍品。

06 圣洛伦佐教堂
● ● ● 罗马风格的圣殿 ★★★★ 赏

圣洛伦佐教堂为罗马式格局，以16根原属于2世纪罗马原始宗教神殿的石柱排列出象征大厅的开放式门口，颇为引人注目。由于教堂的圆顶曾经在1573年坍塌，现今教堂的正面则是1894年由建筑师Cesare Nava加建的。门前的广场正中矗立着君士坦丁大帝的铜像。如果在冬季来到圣洛伦佐教堂游览，漫步在教堂门前的长柱之间，周围伴随着米兰冬天常见的浓雾，你会产生一种虚幻的感觉。

Tips
- Corso di Porta Ticinese 39
- 02-89404129
- 7:30—18:45
- 乘地铁黄线至Missori站，下车即达

07 圣安布罗基奥教堂
● ● ● 简朴的线条美 ★★★★ 赏

Tips
- Piazza Sant'Ambrogio 15
- 02-86450895
- 6.5欧元，另需1.5欧元预约费
- 7:00—12:00, 14:30—19:00
- 乘地铁绿线至Sant'Ambrogio站，下车即达

圣安布罗基奥教堂始建于379年，是由米兰主教圣安布罗基奥在早期基督徒的坟墓上修建的。8世纪的时候又加以扩建，之后9世纪时大主教安斯贝多又修筑了围墙与前厅，使得圣安布罗基奥教堂拥有了颇为特殊的正立面：其简朴的线条带给人一种简约的美感，而教堂两侧罗马伦巴第式风格的钟塔更加强了这种简约的线条美。

意大利攻略 米兰

08 安布洛其亚图书馆
全世界馆藏最丰富的图书馆之一

★★★★ 赏

Tips
- Piazza Pio XI 2　☎ 02-806921　¥ 8欧元
- ⏰ 9:30—11:30, 14:00—16:00　🚇 乘M3号线至MONTENAPOLEONE站，出站后步行约5分钟即达

　　建于1603年的安布洛其亚图书馆以米兰保护神的名字命名，作为当时米兰学术和文化的中心，不论收藏古籍的广泛性还是学术价值都是意大利数一数二的。安布洛其亚图书馆内收藏的达·芬奇的402卷绘图稿堪称镇馆之宝。这里1618年创建了安布洛其亚美术馆，1621年又增设了美术学院，虽然之后学院衰败并最终于1776年关闭，但美术馆内现今依旧收藏了各类美术品1500多件，其中包括达·芬奇的《音乐家》、拉斐尔的《雅典学院》、卡拉瓦乔的《水果篮》和波提切利的《帘下的圣母》等艺术大师的数百幅精美画作。

09 阿尔法·罗密欧历史博物馆
了解意大利知名跑车品牌的历史

★★★★ 赏

　　成立于1976年12月的阿尔法·罗密欧历史博物馆位于阿雷塞镇。如果是阿尔法·罗密欧的车迷，这座博物馆是绝对不可错过的去处。它分为6层，有4个主要部分。博物馆第一部分是专为汽车而设的展厅，展览是按照时间顺序排列的，强调汽车在运动和变化之间的密切联系，展品包括100余辆阿尔法·罗密欧汽车，以及底盘、发动机等零部件。在这里每

Tips
- Viale Alfa Romeo　☎ 02-44429303　⏰ 周一至周五9:00—12:30, 14:00—16:30　🚇 乘开往Molino Dorino方向的地铁1号线至QT8站，出站即达

一个展品都伴随着丰富的资料展示，包括照片和复制品的时代广告，这使博物馆的访客能够正确地阅读每辆汽车的历史。
　　博物馆的第二部分专门展出"梦之车"的设计，古董车、概念车、现代汽车等展品令游人目不暇接。由于阿尔法·罗密欧的产品涉及航空工业也是久负盛名的，故第三部分的展品中包括14架飞机发动机以及一架飞机。第四部分展区的主入口位于顶层的阁楼，专门展出赢得众多奖项的阿尔法·罗密欧车型作品，令人不禁感叹工业革命为人类带来的巨大变化。

10 王室别墅公园
优雅精致的公园

★★★★★ 玩

　　王室别墅公园环境幽雅，宽阔的步道散布在高大林木和翠绿草坪的环抱中，步道尽头便是米兰著名的王室别墅建筑。这栋建筑古朴优美，体现着意大利王室繁复优雅的宫廷气息以及古朴厚重的历史感。在高大雄伟的宫殿后面，是开阔的英式公园，公园北边有几座体育场，意大利最有名的蒙扎赛车道也在这里。作为世界上最重要的赛道之一，每年9月一级方程式大奖赛的蒙扎站比赛都会在这里举行，是赛车爱好者不可错过的去处。即使不是赛车爱好者，9月间也不妨来凑凑热闹，看赛场的欢呼热浪，一定会沉浸在这异国情调的热血浪漫之中。

Tips
- Viale Brianza, 1, 20052 Monza Monza e Brianza

11 布雷拉画廊

米兰代表性的绘画馆

布雷拉画廊是米兰代表性的绘画馆，其前身原为基督教会学校，由建筑师里基尼于1651年设计扩建，1870年曾为米兰国家图书馆，后成为美术馆、天文馆，最后成为画廊，藏品以15—18世纪伦巴第派和威尼斯派的作品为主。

布雷拉画廊的整座建筑是一座四方形庭院，共两层，均有柱廊。庭院中有一座右手握有胜利的象征、左手拿着权杖、由新古典主义大师安·卡诺瓦于1809年铸成的拿破仑一世铜像，四周还有许多科学家、艺术家的石像。

布雷拉画廊的代表藏品有拉斐尔的《圣母玛利亚的婚礼》、《圣母子》，曼提尼亚的《圣殇图》及提因托雷托、皮埃罗·德拉·弗朗西斯卡、委罗内塞等的作品。代表意大利北部的曼提尼亚的《圣殇图》利用了透视画法，将横卧着的耶稣置于眼高的位置，是一幅从脚底开始描绘的独特画作。

Tips

Via Brera 28　￥5欧元　8:30—19:30（闭馆前45分钟停止售票）；每周一、12月25日、1月1日、5月1日休息　乘MM3线至Montenapolepne站；乘MM2线至Lanza站

意大利攻略　米兰

113

12 纪念墓园

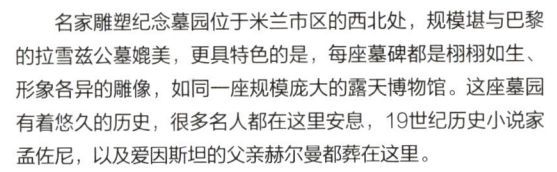

庞大的露天博物馆

名家雕塑纪念墓园位于米兰市区的西北处，规模堪与巴黎的拉雪兹公墓媲美，更具特色的是，每座墓碑都是栩栩如生、形象各异的雕像，如同一座规模庞大的露天博物馆。这座墓园有着悠久的历史，很多名人都在这里安息，19世纪历史小说家孟佐尼，以及爱因斯坦的父亲赫尔曼都葬在这里。

参观墓园最好在白天明亮的日光下，欣赏墓园里的雕像铺就的形态各异的影子。越往中心地带走树木越是密集，有高耸的大树和绵延不绝的墓室。那些雕塑栩栩如生，常有学生来这里靠着厚重的树干静静地描绘天使或骑士的剪影，随着影子清晰起来，时代的记忆仿佛也渐渐苏醒过来。在这里，生与死、现在与永恒的界限都变得模糊，只让心灵异常宁静，让人舍不得离开，如走进另一个久远的城。静静探访这里久眠的名人，细细阅读墓碑上或长或短的感慨，仿佛世上什么都不重要，长存的唯有那静默无言的石像和静静的风。

Tips
- Piazzale Cimitero Monumentale 02-6599938
- 周二至周五8:30—16:30，周六、周日8:30—17:00
- 乘3、4、11、12、14、29、30、33路街车至Cimitero Monumentale站，下车即达

13 圣西罗球场

世界顶尖的足球圣殿之一

距离米兰市中心仅6公里的圣西罗球场是由一名叫佩特罗·皮雷利的AC米兰球迷修建并捐赠给自己心爱的球队的。圣西罗球场的正式名称为"朱塞佩·梅阿查球场"，这里除了作为AC米兰和国际米兰共有的主场，同时也举办了无数次世界顶级的足球赛事，是全世界最著名的足球圣殿之一。此外，值得一提的是，尽管为了纪念20世纪30—40年代的球星梅阿查，球场已经于1980年被正式命名为"梅阿查球场"，但AC米兰的球迷依旧将其亲切地称为圣西罗。

Tips
- Via dei Piccolomini, 5, 20151 Milano 02-40092175

14 达·芬奇科技博物馆

纪念达·芬奇的博物馆 ★★★★★ 赏

Tips
- Via S.Vittore 21　¥ 8欧元，10人以上团队6欧元/人　⏰ 9:30—17:00，周六、周日及节假日9:30—18:30，闭馆前30分钟停止售票。每周一、1月1日、12月25日休息　🚇 乘地铁MM2线至Sant'Ambrogio站

达·芬奇科技博物馆是为纪念达·芬奇在科技方面的杰出成就而兴建的。达·芬奇虽然出生在佛罗伦萨，但是在米兰完成了众多作品，其中最知名的就是他在米兰创作的名画《最后的晚餐》。博物馆的前身是16世纪的修道院，主要收藏达·芬奇的遗物以及与他有关的模型和设计，展品中有达·芬奇为解决运河淤塞而设计的疏浚船、与现代驱动后轮的链条结构相同的自行车画稿、理想城市建筑图和模型等大量反映达·芬奇科学想象力的手稿。他的机械图、建筑图和设计方案，连同复原后的实物模型都与近代科学技术发展的结果极为相似，显示了一代天才的伟大创造力。博物馆的一层有"船的历史"和"蒸汽动力的发展"等展览；二层展出计时器、音响和乐器、测量仪器、电讯设备、电气设备、光学仪器、无线电、照相机、印刷机和打字机等；三层有图书馆；地下室则展出武器、马具和车轮等。在楼外，还另设铁路交通和海空交通两个展馆。除了与达·芬奇有关的展室，这里还展有天文、农业、电子、车辆等科技产品。

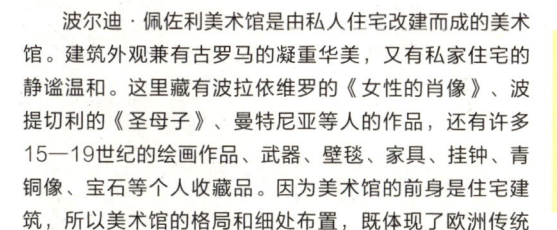

15 波尔迪·佩佐利美术馆

私人住宅改建而成的美术馆 ★★★★ 赏

Tips
- Via Manzoni 12　¥ 8欧元　⏰ 10:00—18:00，每周一、1月1日、1月6日、复活节、4月25日、5月1日、8月15日、11月1日、12月7—8日、12月25—26日休息　🚇 乘地铁MM1线至Duomo站；或乘MM3线至Montenapoleone站

波尔迪·佩佐利美术馆是由私人住宅改建而成的美术馆。建筑外观兼有古罗马的凝重华美，又有私家住宅的静谧温和。这里藏有波拉依维罗的《女性的肖像》、波提切利的《圣母子》、曼特尼亚等人的作品，还有许多15—19世纪的绘画作品、武器、壁毯、家具、挂钟、青铜像、宝石等个人收藏品。因为美术馆的前身是住宅建筑，所以美术馆的格局和细处布置，既体现了欧洲传统的华美，又富有生活情趣。在这里参观可以了解米兰上层社会的生活。在游人稀少时，可以一个人静静地走过一个又一个房间，欣赏或精美或大气古朴或奔放的艺术作品，如同翻看自己珍爱的首饰箱。

16 精品区

米兰城内的顶级时尚区 ★★★★★ 买

位于蒙特拿破仑大街与史皮卡大街之间的区域中分布着众多精品名店，其间错落着圣安德烈街、耶稣路、圣灵路、Via Borgospesso等街区，众多国际一线品牌的旗舰店和意大利顶尖品牌店纷纷入驻这里，是喜爱购物逛街的游人来到米兰绝对不可错过的顶级时尚区。此外，这里还云集了众多天才设计大师：Via Osti大街的Bulthaup、Via Durini大街的Cassina、Corso G. Matteotti的Alessi，还有更往北一些的Via Carlo Porta大街的Kartell。这些品牌别具一格的设计吸引了众多时尚人士。

Tips
位于Via Montenapoleone与Via della Spiga之间　乘地铁红线至San Babila或Montenapoleone站，下车即达

17 蒙特拿破仑大街

世界知名品牌荟萃的购物街 ★★★★★ 买

米兰云集了世界各名牌的旗舰店，尤其是地处精品区的蒙特拿破仑大街，沿街两侧集中了Gucci、Giorgio Armani、Prada、Versace、Ferragamo、Louis Vuitton、Alberta Ferretti、Cartier、Ungaro等国际一线品牌，是喜爱逛街的游人不可错过的一条汇集了世界知名品牌的大街。

Tips
Via Monte Napoleone, 9, 20121 Milano
02-76021743　乘地铁红线至San Babila或Montenapoleone站，下车即达

18 圣安德烈街

时尚的街道

位于精品区内的圣安德烈街非常时尚，来米兰购物的游人可以在这条街上依次经过"精细考究、新颖别致、手工精良、不断创新、恒久品质"的Fendi专卖店，专业生产针织品、将五彩缤纷的颜料和各式各样的材质完美地融合在一起的Missoni专卖店，以简约的线条、精心的剪裁和在设计中避免一切多余图案、以无可挑剔的缝制工艺而著称的Trussardi商店和Kenzo专卖店等。

Tips

Via Sant'Andrea，20121 Milano 乘地铁红线至San Babila或Montenapoleone站，下车即达

意大利攻略 米兰

117

19 史皮卡大街

●●● 追求品位的时尚服饰 ★★★★★ 买

　　史皮卡大街与蒙特拿破仑大街平行，沿街两侧林立着众多时尚的服饰店，其中Dolce & Gabbana的设计略带嘲讽意味，明艳的色彩搭配、花边衬衫、粗腰带的低腰长裤等服饰时髦而不修边幅；Gianfranco Ferre的服装强调"优质、舒适、独特、自然"；Krizia拥有"追求完美、缝制精细、注重细节"的设计和精湛做工；Moschino则以1994年逝世的设计师姓氏命名，其服装贯彻了那位生前坚信"各有所好"的设计师理念。此外，在史皮卡大街上还有Bottega Veneta、Bulgari、Cerruti 1881、Hermes和Sergio rossi等服饰品牌的商店，是一条不亚于圣安德烈街的时尚服饰街，吸引了众多追求穿衣品位的人们光顾。

Tips

🅿 Via della Spiga, 20121 Milano 🚇 乘地铁红线至San Babila或Montenapoleone站，下车即达

20 佩克食品店
琳琅满目的精致食品

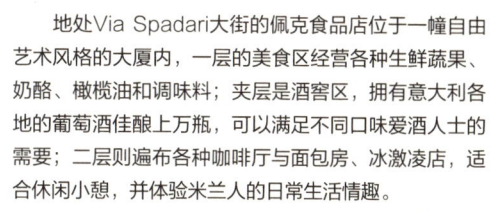

地处Via Spadari大街的佩克食品店位于一幢自由艺术风格的大厦内，一层的美食区经营各种生鲜蔬果、奶酪、橄榄油和调味料；夹层是酒窖区，拥有意大利各地的葡萄酒佳酿上万瓶，可以满足不同口味爱酒人士的需要；二层则遍布各种咖啡厅与面包房、冰激凌店，适合休闲小憩，并体验米兰人的日常生活情趣。

Tips
Via Spadari 9　02-860842，02-860843

意大利攻略　米兰

21 品红酒吧
20世纪初的怀旧氛围 ★★★★ 吃

地处繁华热闹的Corso Magenta上的品红酒吧毗邻感恩圣母堂，周围林立着古朴的百货店、面包房和小酒馆，洋溢着浓郁的怀旧氛围和旧日米兰的优雅气氛。品红酒吧内自由风格的圆弧装饰充满了20世纪初的怀旧情调，在此经常可以看到米兰本地人中午在这里吃着简单的午餐，或是晚上来喝一杯啤酒，恍惚之间令人仿佛回到了20世纪初。

Tips
- Via Carducci 13　02-8053808

22 圣艾格咖啡小酒馆
休闲小憩的绝佳去处 ★★★★ 吃

圣艾格咖啡小酒馆位于毗邻米兰艺术学院的布列拉路上。由于布列拉路毗邻精品区，因而经常有逛街购物的游人在这里小憩片刻。白天在圣艾格咖啡小酒馆内经常可以看到打扮入时的人们在这里用餐或商谈事物，带有浓郁的商务休闲氛围。而夜幕降临后，这里就会变成年轻人伴随着音乐旋律畅饮啤酒、狂欢庆祝的酒馆。

Tips
- Vicolo Fioro 2　02-8693096

23 帕维亚
威斯康迪家族的大本营 ★★★★ 逛

Tips
- 米兰南端　0382-22156（旅游服务中心）
- 从米兰中央车站乘火车至帕维亚火车站，下车即达，行程约40分钟

位于米兰以南的帕维亚在罗马帝国成立之前就已存在，西罗马帝国灭亡后直到11世纪，帕维亚成为了伦巴第人的首都，之后又沦为日耳曼红胡子腓特烈大帝联盟下自治政府的所在地。1359年威斯康迪家族成为帕维亚的领主后，这座古老的城市重新迎来了大规模的扩建。现今漫步在帕维亚城内，依旧可以看到大量典雅优美的红砖建筑和中世纪遗留下来的高塔，完美的文艺复兴风格吸引了来自世界各地的游人竞相拍照留念。此外，在帕维亚城区北侧还保留有旧时的城墙遗迹，城郊8公里外的大修院是伦巴第地区文艺复兴时期的建筑杰作，内部收藏有众多具有极高艺术价值的艺术品。

24 曼托瓦

雅致宜人的古城

位于伦巴第大区边界的曼托瓦在Gonzaga家族统治下从14—18世纪经历了被誉为"黄金四百年"的辉煌岁月，整座城市的建筑如同宫殿般华美宏大。曼托瓦的老城区被Mincio河三面环绕，热爱艺术的当地领主曾聘请了Andrea Mantegna、Leon Battista Alberti、Giulio Romano等文艺复兴时期的艺术家，营造出了这里精致优雅的建筑风格。沿街绵延不断的拱廊下分布着数不清的商店与咖啡馆，建于11世纪的圣洛伦佐教堂充满古典气息，周围毗邻公爵府、圣乔治城堡等古建筑群。此外，曼托瓦老城区南侧的Palazzo Te是由建筑师朱利欧·罗马诺于1525年设计修建的，是Gonzaga家族斐德里克二世休闲玩乐的场所，内部装饰堪称经典，其中壁画从天花板延伸至墙角的巨人厅尤其令人震撼。

Tips
- 位于伦巴第大区边界
- 0376-432432（旅游服务中心）
- 从米兰中央车站乘火车约1小时50分即达

意大利攻略 米兰

121

25 克雷蒙纳

小提琴的发源地

位于米兰东南端的克雷蒙纳早在公元前218年就已经是颇具规模的古罗马城市了。蛮族入侵罗马后城市开始向外扩张，中世纪与文艺复兴时期，克雷蒙纳出现了许多精致的贵族住宅，其中14～17世纪手艺精湛的制琴工匠们更是为这座小城带来了浓郁的艺术气息，进而使这里成为了小提琴的发源地。生于1505年的Andrea Amati被公认为"小提琴之父"，他在这座小城制作了上百把小提琴，而Giuseppe Guameri del Gesu制作的小提琴也堪称经典作品。现今游人还可以在克雷蒙纳的公共王宫欣赏到这些出自制琴大师之手的顶尖之作。

Tips

🏠 米兰东南侧　🚆 从米兰中央车站乘火车约1小时即达

26 西米欧尼

●●● 风景优美的湖滨小镇 ★★★★

位于米兰与威尼斯之间的西米欧尼毗邻意大利面积最大的湖泊——加达湖，北宽南窄的加达湖是由冰河融化而成，因其优美的湖畔风景自古以来就受到但丁、歌德等诗人、作家的赞颂。地处湖泊南侧的西米欧尼是一座风景优美的湖滨小镇，13世纪时，统治维罗纳的Scaligeri家族曾经在这里修建了一座城堡。其后，以古堡为圆心，旧城区逐步向外发展，最终形成了这个古色古香的湖滨小镇，吸引了众多游人来到这里观光度假。此外，西米欧尼北端的Grotte di Catullo是公元前1世纪时拉丁诗人Catullo的别墅遗址，游人可以在这碧蓝湖水的陪伴下，感受这段久远的历史。

Tips

🏠 米兰与威尼斯之间　☎ 030-914116（旅游服务中心）　🚆 从米兰中央车站乘火车至Desenzano del Garda/Sirmione站，下车即达，行程约1小时45分钟

意大利攻略　米兰

意大利
攻略HOW

Part.10 威尼斯

美丽的水城威尼斯由117座大小不一的岛屿和150条河道组成。在中世纪，威尼斯就曾是海上霸主和贸易强国，众多文人墨客都赞美过其美丽迷人的风光。

意大利攻略 威尼斯

威尼斯 特别看点！

第1名！
圣马可广场！
100分！ 
★ 世界上最美的古广场，威尼斯的标志景点之一！

第2名！
大运河！
90分！
★ 威尼斯最重要的航运水道，威尼斯的景观精华！

第3名！
圣马可大教堂！
75分！
★ 巨大的工艺品宝库，中世纪欧洲最大的教堂！

01 圣马可广场 100分！
中世纪欧洲最大的教堂 ★★★★ 赏

Tips
🏛 Piazza San Marco ￥ 免费 🕐 全天开放 🚢 乘船至San Marco船站

圣马可广场位于威尼斯市中心，是威尼斯最热闹、最繁华的地方，被拿破仑称为"欧洲最美丽的客厅"。广场分别被圣马可大教堂、钟楼、新市政厅、克雷尔博物馆和总督府环绕。广场周边有几家著名的咖啡馆，拜伦、狄更斯都曾经在这里的露天咖啡座品咖啡，纷飞的鸽子是广场的另一特色。

圣马可广场的塔楼装饰有会移动的人物、挂铃和带翅膀的狮子，已经有500余年的历史。圣马可塔楼是在1499年落成的，能够显示分钟、小时、日期、月份、黄道带和月亮周期等。它还配备了几个可移动的部件和人物，表示时间和基督教历法上的重要日子。整点时刻会有两个绰号为"莫尔斯"的移动小人出来敲击巨大的挂铃。塔楼上装饰的带翅膀的狮子是威尼斯的标志，上端还有圣母玛利亚携子的镀金铜像。每年在主显圣客节和圣母升天节上，一扇小门会开启，3个来自《圣经故事》里的国王木人和吹喇叭的天使会出来围绕着铜像移动。

126

02 圣马可大教堂 75分！

中世纪欧洲最大的教堂

位于圣马可广场东侧的圣马可大教堂是罗马式与拜占庭式相结合的建筑物，中世纪时曾是欧洲规模最大的教堂。圣马可大教堂内有耶稣门徒圣马可的坟墓，同时圣马可也是水城威尼斯的守护神。

始建于829年的圣马可大教堂原为存放从亚历山大移来的耶稣门徒圣马可遗体的纪念建筑。976年，在反对总督康提埃诺四世的群众起义中，教堂被烧毁，后来由继任者孔塔里尼修复。现存建筑完工于1071年，1807年改为威尼斯主教座堂。圣马可大教堂平面呈正十字形，有6个穹隆圆顶，前面圆顶较大，其余较小，具有鲜明的拜占庭风格。教堂正面有5座菱形罗马式大门。顶部立有东方式与哥特式尖塔，以及塑像和浮雕。中间大门上的尖塔顶部，安有一尊手持《马可福音》的圣马可塑像。教堂内饰有许多以金黄色为主调的镶嵌画，内墙以彩色岩石贴面，地面用大理石和玻璃铺嵌，由雅各培罗和彼尔·保罗雕刻的施洗约翰和众使徒雕像位于唱诗坛和中殿之间。此外，圣马可大教堂内收藏有大量雕刻和雕塑作品、镶嵌画及礼仪用品，其中第四次十字军东征时从君士坦丁堡掠夺的4匹青铜马，堪称无比珍贵的艺术品。

Tips

📍 Piazza San Marco　🕐 教堂：周一至周六10:00—16:00，周日13:00—16:00开放；钟塔：冬季9:00—15:45，夏季9:00—21:00　🚢 乘船至San Marco船站

意大利攻略　威尼斯

127

03 时钟塔楼

景泰蓝和金漆装饰的时钟塔　★★★★ 赏

位于圣马可广场的时钟塔楼于15世纪末完工。用景泰蓝与金漆装饰的时钟塔楼上面用拉丁铭文写着："我只计数幸福的时光。"每年1月6日的主显圣客节和8月15日的圣母升天节，时钟内的东方三贤者会从侧门走出，向中央的圣母与圣婴致敬。传说，威尼斯人曾将时钟塔楼建造人的眼睛弄瞎，以防他们为竞争对手的城市创作出同样的作品。

Tips

- 位于圣马可大教堂西面
- 乘1线、82线或所有通往San Marco的船只均可到达，但需步行一段路程

04 钟楼
威尼斯最高的建筑 ★★★★ 赏

建成于912年的钟楼高98.05米，是威尼斯最高的建筑，最初曾作为下方港口的望台，以及为海上船只指明航路的灯塔。近千年时间里一直经历风吹雨打和闪电轰击的钟楼，在1902年7月14日倒塌，几小时后威尼斯市政会就立誓要在原址上建造一座与原来一模一样的钟楼。1912年4月25日圣马可节当天，同时也是第一座钟楼建成第1000年之日，崭新的钟楼落成完工，其外观与旧钟楼一模一样，只不过重量轻了600吨，地基也更加牢固。现今，游人可以登上这座威尼斯的标志建筑，一览水城的迷人风光。

Tips
- 位于圣马可广场附近
- 乘1线、82线或所有通往San Marco的船只都可到达

05 铸币厂
水城威尼斯的铸币厂 ★★★★ 赏

Tips
- 位于圣马可广场的西侧
- 乘1线、82线或所有通往San Marco的船只均可到达

位于圣马可广场西侧的铸币厂在1870年之前一直是威尼斯的城市铸币厂。为防止火灾，铸币厂全部用石头砌成，是威尼斯少数全石砌的建筑物。此外，铸币厂毗邻的圣索诺图书馆可以从圣马可大教堂的第13个门廊进入。

意大利攻略 威尼斯

06 总督府

共和国时代威尼斯总督的住所

★★★★ 赏

建于814年的总督府是共和国时代威尼斯总督的住宅、办公室及法院的所在地。作为当时威尼斯的政治中枢机构所在，总督府最初是用作防御的城堡。现今游人所见到的建筑建于14～15世纪，府邸内有拱廊相连的哥特式回廊，宫殿中栋的二楼黄金梯建于16世纪，曾是总督府的正式入口。总督府内二、三楼的各厅房内装饰着奢华尊贵的威尼斯派绘画，4座门厅的顶棚壁画、会客厅的壁画以及排列着历代总督肖像的大会议厅都是游人参观的重点。

Tips

位于圣马可大教堂南侧　科雷尔博物馆、雷佐尼科宫、蕾丝博物馆通用的市立美术馆通用券15欧元；语音导游5.5欧元　9:00—19:00，闭馆前1.5小时停止进入　乘1号水上巴士至VALLARESSO站、S. ZACCARIA站，下船即达

07 大运河　90分!

●●● 威尼斯的主要水道　★★★★★ 赏

意大利攻略　威尼斯

　　威尼斯大运河是意大利威尼斯市的主要水道，自圣马可大教堂至圣基亚拉教堂呈反S型，沿天然水道把威尼斯市分为两部分。

　　威尼斯的房屋建造独特——地基都淹没在水中，犹如从水中冒出来一般。威尼斯大运河被誉为威尼斯的"水上香榭丽舍大道"。在河道的两边，散布着各式各样的古老建筑，既有洛可可式的宫殿，也有摩尔式的住宅，当然也少不了众多富丽堂皇的巴洛克和哥特式风格的教堂。文艺复兴时代，许多伟大的艺术家都在这些教堂里面留下了不朽的壁画和油画作品，至今仍吸引着世界各地的无数游客和艺术家。此外，遍及运河两岸的店铺、市场以及银行等等，也给这个水上大都市增添了无穷的活力。

> **Tips**
>
> 🏠 贯穿威尼斯　🚤 小汽船1线、2线常年都有，3线、4线夏季才有。小汽船票包括单程票、24小时旅程票、3日与7日旅程票。1线小汽船在大运河的每个浮码头都有停靠，较快的2线停靠站较少

131

08 叹息桥
由死囚的叹息声而得名的古桥

叹息桥建于1603年，桥的两端连接着总督府和威尼斯监狱，是古代由法院向监狱押送死囚的必经之路。造型属早期巴洛克风格的叹息桥呈房屋状，上部穹隆覆盖，封闭得很严实，只有朝向运河一侧有两个小窗。桥的一面是总督府，15世纪时则是审讯犯人的地方。

相传叹息桥的名字是由死囚的叹息声而得名，另一个传说则是一个犯人攀着窗棂俯视，见到一条窄窄长长的贡多拉正驶过桥下，船上坐着一对男女拥吻在一起，而那女子竟是他的爱人，男人疯狂地撞向花窗，最终抑郁而亡。充满凄美的传说使叹息桥从此成为恋人见证爱情的地方，据说恋人们在桥下接吻就可以天长地久，电影《情定日落桥》就是在这儿取的景。

Tips
- 大运河上
- 乘船至San Marco船站

09 雷雅托桥

《威尼斯商人》的场景之一 ★★★★ 赏

雷雅托桥是架设在威尼斯大运河中央的桥梁,其历史可以追溯到13世纪,它曾经是大运河上唯一的桥梁。在最初的设计中,雷雅托桥是木质的掀起式桥,后来改为吊桥。在1444年的庆典中,大桥因不堪重负而折断。15世纪中叶大桥进行了改建,1591年大理石新桥竣工完成,桥长48米,宽22米,离水面7米高,桥两头用1.2万根插入水中的木桩支撑,桥中部建有厅阁。

雷雅托桥附近是交易盛行之地,各类小铺、摊贩云集,桥上有许多出售纪念品的小店。大桥中央是拍摄大运河的最佳地点,而桥梁本身也是很好的取景素材。现在的桥顶有一浮亭,两侧是20多间各具特色的首饰商店和贩卖纪念品的小摊。这里不仅是游人流连忘返的去处,也是威尼斯最重要的商业区之一,莎士比亚的名剧《威尼斯商人》就是以这里为背景的。

Tips
大运河上　乘1、82号水上巴士至RIALTO站

意大利攻略　威尼斯

133

10 奇迹圣母教堂

曾发生奇迹的教堂 ★★★★ 赏

由彼得·隆巴德于1481年设计的奇迹圣母教堂最初是用来摆放Nicolo di Pietro的画作《圣母与圣婴》的，据说这幅画作曾经显示奇迹——让一名溺水而死的男子重新复活，教堂也因而被称为"奇迹圣母教堂"。教堂的外观为长方形半圆顶结构，正面使用彩色大理石装饰，午后的阳光透过窗户射进教堂时会发出绚丽的七彩光芒，吸引了众多游人专程在午后前来观看。作为威尼斯文艺复兴早期的建筑杰作，奇迹圣母教堂因其独特的外观而被称为"珠宝盒"，是当地人举行婚礼的热门教堂。

> **Tips**
> 📍 Sestiere San Polo, 2986, 30125 Venezia
> ☎ 041-2750462 🕐 周一至周六10:00—17:00，周日13:00—15:00 🚢 乘船至Rialto船站

11 摩尔人小广场

精致迷人的漏斗型广场 ★★★★ 赏

位于大运河畔的摩尔人小广场是一座三角形的小广场，由于在广场角落装饰有3尊摩尔人的雕像，因而得名。根据威尼斯当地的传说，3位摩尔人其实是来自希腊伯罗奔尼撒半岛、从事丝绸买卖生意的Mastelli家族的3兄弟，1112年3人来到威尼斯后就修建了Mastelli宫并定居下来。

> **Tips**
> 📍 Camop dei Mori 💰 免费 🕐 全天开放 🚢 乘船至Madonna dell`Orto船站

意大利攻略 — 威尼斯

12 利多岛

气味芬芳的海滨度假胜地 ★★★★★ 赏

Tips
- Lido Island
- 全天开放
- 从圣马可广场乘1、82、N线航船即达，行程约30分钟

利多岛是横贯威尼斯东南、约12公里长的细长小岛，与法国的利比埃拉、美国的迈阿密及夏威夷的瓦依基基齐名，是国际闻名的海滨疗养胜地。利多岛上拥有众多外观雅致的别墅和豪华饭店，同时也是托马斯·曼的名作《威尼斯之死》的故事背景地。沙滩上建有休息用的小屋，屋内展有电影《威尼斯之死》中出现过的服装，岛上还有众多赌场、餐馆和夜总会，是高雅的社交场所。此外，威尼斯电影节是世界上最著名的电影节之一，每年9月，来自世界各地的电影导演、演员和评论家们都会齐聚在岛上的电影宫。

13 哈利酒吧

因海明威而闻名的酒吧 ★★★★ 娱

Tips
- Calle Vallaresso 1323
- 041-5285777
- 乘船至San Marco船站

由Giuseppe Cipriani于1931年开办的哈利酒吧由一位名叫哈利的波士顿商人出资，因而酒吧也被命名为"哈利酒吧"。毗邻圣马可广场的哈利酒吧甫一开业就生意兴隆，当时居住在威尼斯的大文豪海明威在打猎之余也会经常来到这间酒吧喝上一杯。现今这里依旧可以看到众多来自美国的游客，成为最受美国观光客欢迎的酒吧。这里由Cipriani研发的Bellin开胃酒颇为有名，酸酸甜甜的味道吸引了众多游人专程前来品尝。

意大利攻略 — 威尼斯

135

14 穆拉诺岛

威尼斯的玻璃之岛

★★★★ 赏

位于威尼斯北部的穆拉诺岛以生产玻璃和玻璃制品闻名，也称"玻璃岛"。13世纪时威尼斯的玻璃制造业发展迅速，当时城内遍布大小不一的熔炉。后来为了防止火灾发生，玻璃作坊全部被移至城北的穆拉诺岛。15～16世纪，穆拉诺岛的玻璃制造工艺达到顶峰，当时岛上的手工艺人制作了水晶玻璃和带花边装饰的乳白色玻璃，成为威尼斯与东方贸易中最贵重的商品，为威尼斯共和国带来了巨大的财富。现今，游人来到穆拉诺岛不可错过的便是这里的玻璃艺术博物馆，馆内展示了从古至今各个时代的玻璃工艺品：各式吊灯、果盘、花瓶、花卉、工艺摆设和日用器皿，还有奔马、天鹅等动物鸟兽，以及项链、耳环等装饰品。其中意大利传统大型水晶吊灯由数百件晶莹剔透的玻璃花朵、玻璃烛台、玻璃坠子组成，反映了穆拉诺岛玻璃工艺的高超水平。此外，岛上的一些玻璃制品厂也有专门的玻璃制品陈列室，游人不仅可以欣赏优美精致的玻璃艺术品，还可以到玻璃制品厂的车间参观，了解工人制作玻璃工艺的过程。

Tips

位于威尼斯的东北部　在San Zaccaria船站乘41号船，或在Fondamenta Nuova船站乘12、13号船

15 布拉诺岛

威尼斯湖上色彩最缤纷艳丽的岛屿

位于威尼斯东北部的布拉诺岛是一座渔村和编织蕾丝花边的村庄，运河两岸排列着的都是涂成粉色和淡绿色的房子。这座以蕾丝花边闻名的岛屿同时也是威尼斯色彩最缤纷艳丽的岛屿。在布拉诺岛的商店中堆满了琳琅满目的蕾丝花边制品，它们作为旅游纪念品是馈赠亲朋的绝佳选择。此外，布拉诺岛上还可以品尝新鲜的海鲜，经常有威尼斯人在周末专程前来，享受一顿味美价廉的丰盛大餐。

Tips

- 位于威尼斯的东北部
- 在San Zaccaria船站乘14号船，或在Fondamenta Nuova船站乘12号船，约30分钟即达

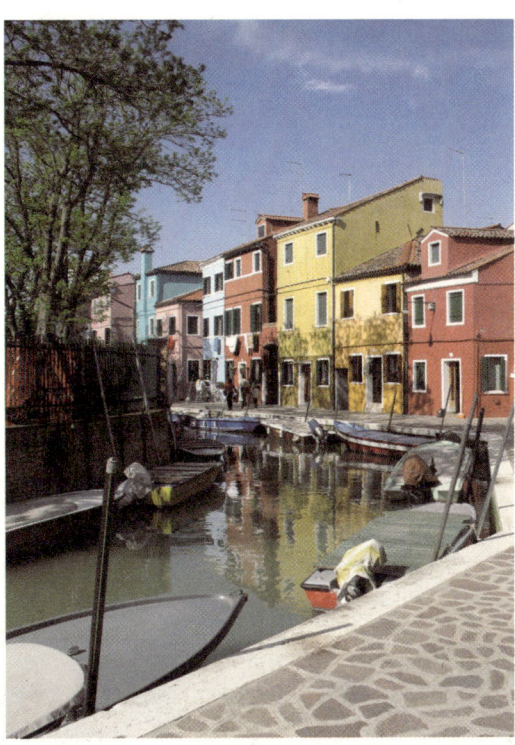

意大利攻略 威尼斯

意大利攻略

威尼斯

16 黄金宫
威尼斯城最杰出的哥特式建筑

★★★★★ 赏

始建于1440年的黄金宫又名"法兰盖提美术馆"，涂金的建筑物闪闪发光，曾被称为"黄金的宫殿"，是威尼斯城最杰出的哥特式建筑。现今黄金宫已经被辟为对一般公众开放的美术馆，馆内收藏了威尼斯画派14~18世纪的绘画珍品：卡巴乔的《圣告图》、安东尼奥·范·代克的《基督受难记》、曼帖那的《圣塞巴斯蒂安》以及提香等人的作品都可以在这里欣赏到。

Tips

🏛 位于佩沙罗宫的对面　¥ 5欧元　⏰ 8:15—19:00，复活节、圣诞节与元旦休息　🚤 乘1号水上巴士至Ca'd Oro站，下船即达

138

17 艺术学院美术馆
收藏威尼斯画派作品最多的美术馆

位于大运河河畔的艺术学院美术馆前身是慈悲圣母教堂，1807年拿破仑将其改建成现今的外观，并成为世界上威尼斯画派作品收藏最丰富的美术馆。以明亮的画风著称的威尼斯画派拥有乔万尼·贝利尼、卡尔帕乔、丁托列托、曼特尼亚、乔尔乔纳、韦罗内塞等艺术大师。此外，这里还收藏有提香未完成的《圣母哀痛耶稣》画像等意大利美术杰作，吸引了世界各地的艺术爱好者慕名而来。

Tips
- Campo D.Carita
- 041-5222247
- 6.5欧元
- 周二至周日9:00—19:00，周一9:00—14:00
- 乘船至Accademia船站，下船即达

18 圣特洛瓦索造船厂
威尼斯仅存的贡多拉制造厂

圣特洛瓦索造船厂是威尼斯现今仅存的一座贡多拉制造厂，隔着运河可以看到船厂的小木屋前摆放着翻过来的平底船。由于船厂的产量不大，因而在这里很少可以看到船厂的工人在为新造的贡多拉打磨上柏油。在威尼斯游览之余，游人不妨来到这里，观看之前乘坐的威尼斯标志——贡多拉的制造工厂。此外，与造船厂毗邻的圣特洛瓦索教堂拥有一面朝向运河、另一面朝向一处宁静小广场的两个正立面，颇为特殊的设计也吸引了众多游人拍照留念。

Tips
- Dorsoduro 967, 30100 Veneza
- 041-5203703
- 乘船至Zatter或Accademia船站，下船即达

意大利攻略　威尼斯

139

19 圣母小广场

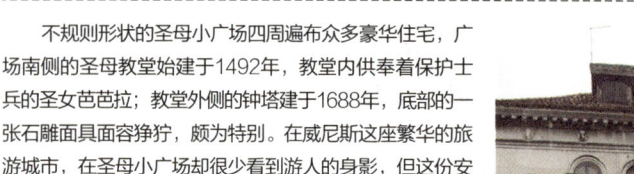

● ● ● 悠闲的城市广场　　　　　　　　　　★★★★★ 赏

不规则形状的圣母小广场四周遍布众多豪华住宅，广场南侧的圣母教堂始建于1492年，教堂内供奉着保护士兵的圣女芭芭拉；教堂外侧的钟塔建于1688年，底部的一张石雕面具面容狰狞，颇为特别。在威尼斯这座繁华的旅游城市，在圣母小广场却很少看到游人的身影，但这份安逸悠闲的气氛却十分适合漫步，感受威尼斯午后的休闲气氛。

Tips

Campo Santa Maria Formosa　免费　全天开放　乘船至Rialto船站，下船即达

20 圣乔凡尼与保罗教堂

● ● ● 气势恢弘的哥特式教堂　　　　　　　★★★★★ 赏

Tips

Fondamenta del Mendicanti　免费　周一至周六8:00—12:30，15:00—18:30　乘51、52、41、42号水上巴士至OSPEDALE站，下船即达

由多明尼哥教派的修士在13世纪开始修建的圣乔凡尼与保罗教堂气势恢弘，同荣耀圣母教堂并称为"威尼斯规模最大的哥特式教堂"，被誉为"威尼斯的万神殿"。从13世纪开始直至18世纪的25位威尼斯总督都安葬于此，其中很多坟墓均为伦巴第流派的经典之作。教堂内收藏有乔凡尼的祭坛画《圣温契佐·斐雷利》、毕雅契达的顶棚画《圣多明尼的荣光》及以维洛内歇的《圣母升天》装饰的罗萨里欧礼拜堂等艺术珍品。此外，由穆拉诺岛工匠创作的彩绘玻璃画作《奋斗的圣人们》高17.5米，宽6.3米，堪称威尼斯之最。

21 斯拉夫人宫
●●● 威尼斯情调的饭店　　　　　★★★★★ 赏

斯拉夫人宫毗邻以卡帕乔画作闻名的圣乔治学校，内部装饰着18世纪威尼斯风格的家具与纺织品，天花板上绘有精美的壁画，是一座极具威尼斯情调的饭店。斯拉夫人宫地处一条安静的小水道旁，其宁静的环境与浓郁的水城情调吸引了来自世界各地的游客，其中最经典的阁楼房间甚至还得到意大利建筑杂志的专版介绍。

Tips
Castello 3288　　041-2411275　　乘船至San Zaccaria船站，下船即达

22 圣方济会荣耀圣母教堂
●●● 威尼斯的万神殿　　　　　★★★★ 赏

始建于1236年的圣方济会荣耀圣母教堂直至1338年才最终完工，这里埋葬了众多威尼斯地方名流，与圣乔凡尼与保罗教堂一同被誉为"威尼斯的万神殿"。现今，游人在参观圣方济会荣耀圣母教堂之余，还可以欣赏到教堂收藏的《圣母升天图》、《洗礼者圣约翰》、《圣母和诸位圣人》等大量艺术珍品。

Tips
Sestiere San Polo, 3072, 30125 Venice VE　041-5222637　￥2欧元　周一至周六9:00—18:00，周日与假日13:00—18:00　乘1、82号水上巴士至S.TOMA站，下船即达

意大利攻略　威尼斯

141

23 雷佐尼科宫

●●● 威尼斯的著名博物馆之一　★★★★ 赏

雷佐尼科宫由隆格那在1649年建造，直到1750年才由Giorgio Massari建造完成。1712年，热那亚的雷佐尼科家族买下这幢建筑，并在19世纪将其卖给美国诗人布朗宁，布朗宁去世后这幢建筑被辟为威尼斯18世纪博物馆，并于2001年6月30日对公众开放。雷佐尼科宫曾经是提香画室的所在地。游人在雷佐尼科宫内除了可以欣赏到这里收藏的18世纪生活用具、陶器、织锦画等展品，还可以欣赏到卡纳莱托、卡列拉、提也波洛、瓜尔等著名画家的作品。

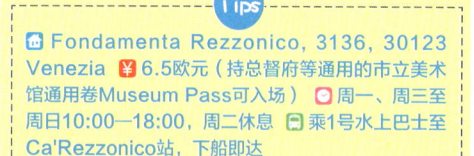

Tips

 Fondamenta Rezzonico, 3136, 30123 Venezia　￥6.5欧元（持总督府等通用的市立美术馆通用卷Museum Pass可入场） 周一、周三至周日10:00—18:00，周二休息　乘1号水上巴士至Ca'Rezzonico站，下船即达

24 旧驿站老餐馆

●●● 历史悠久的老餐馆　★★★★ 吃

毗邻鱼市的旧驿站是一幢建于16世纪的建筑，位于其中的旧驿站老餐馆是威尼斯历史最古老的餐馆之一。旧驿站老餐馆内以金色和红色展现出威尼斯共和国时期的经典风格，夏季在紧邻水道的中庭用餐更能感受威尼斯的独有魅力，而冬季时餐馆内大厅的壁炉则会燃起熊熊火焰，带给人温暖的同时也给人以古老的历史风韵之感。

Tips

 Rialto Pescheria' San Polo 1612　 041-721822　 乘船至Rialto船站，下船即达

25 安康圣母教堂
威尼斯巴洛克建筑的杰作 ★★★★★ 赏

安康圣母教堂是威尼斯巴洛克建筑的杰作,在1630年黑死病肆虐之际,共和国政府决定兴建此教堂献给圣母玛利亚。这座由著名设计师巴达萨雷·隆格纳设计的教堂正式落成于1687年。

顶着巨大圆顶的正堂为正八角形,周围有6座礼拜堂环绕着。面对着主祭坛的圣器室内有描绘《旧约·圣经故事》的壁画《大卫和歌利亚》,由提香创作的顶棚画及丁多托的《迦纳的婚礼》等都是值得一赏的艺术佳品。

Tips
- Fondamenta della Dogana alla Salute, 30123 Venice
- ☎ 041-5225558
- ¥ 教堂免费,参观圣器室:1.5欧元
- ⏰ 9:00—12:00, 15:00—18:00
- 🚌 乘1号水上巴士至SALUTE站,下船即达

26 里奥托桥畔市场
威尼斯百姓的日常生活 ★★★★ 逛

Tips
- 里奥托桥畔
- 乘船至Rialto船站,下船即达

虽然早在12世纪的时候,威尼斯人就开始尝试在大运河上修建石桥,但直到1854年之前,由Antonio Da Ponte于1588—1591年设计修建的里奥托桥都是唯一横跨大运河的桥梁。当时作为交通要道的里奥托桥也因而聚集起众多贩卖新鲜蔬果和日常用品的摊贩。现今,里奥托桥旁依旧是威尼斯人日常购物的首选地,毗邻大运河畔的鱼货市场每日也是人声鼎沸,吸引了众多游人慕名前来感受威尼斯百姓的日常生活。

意大利攻略 | 威尼斯

143

27 佩吉·古根海姆美术馆

收藏超现实主义作品的美术馆

佩吉·古根海姆是美国籍的犹太女富豪，因为童年时经常被关在书房里终日与阴森的巨幅油画相对，成年后大约出于某种奇特的逆反心理，对艺术产生了疯狂的兴趣，于是她凭借着自身雄厚的财力去资助那些才华横溢却又穷困潦倒的艺术家们。1980年她去世以后，根据遗嘱，便将她生前这座位于威尼斯的豪宅改建为了美术馆，用以展示其穷尽一生的珍藏。

美术馆的展品包括毕加索的《海滩上的诗人》、杜尚的《列车上的忧郁青年》、波拉克的《月光女神》和米罗的《安静的少妇》等传世之作。

Tips

Dorsoduro, 704, 30123 Venezia　041-2405411　8欧元　周一、周三至周日10:00—18:00，周二休息　乘1、82号水上巴士至ACCADEMIA站，下船即达

28 圣乔治·马乔雷教堂

恢弘壮丽的教堂

始建于16世纪中期的圣乔治·马乔雷教堂直到1610年才最终竣工完成，科林特式的巨大圆柱赋予了圣乔治·马乔雷教堂壮丽恢弘的外观。此外，教堂内还收藏有多幅丁多列托的作品，其中最知名的是《马纳的宝藏》和《最后的晚餐》两幅画作。游人还可以从教堂内的电梯直达钟楼顶，眺望从朱提卡岛到对岸圣马可广场的迷人风光。

Tips

30124 Venice　041-5227827　教堂免费，钟楼:3欧元　9:30—12:30，14:00—18:00，周日做弥撒期间不对外开放　乘82号水上巴士至S.GIORGIO站，下船即达

29 佛斯卡利宫

15世纪威尼斯哥特式风格的建筑典范 ★★★★★ 赏

佛斯卡利宫呈蛋形，且顶端呈尖状，装饰有十字形镂空雕花，是典型的15世纪威尼斯哥特式风格的建筑，其窗户与黄金宫颇为神似，吸引了众多游人在这里拍照留念。现今，佛斯卡利宫是威尼斯大学的秘书处，威尼斯大学校区也从这里向西南延伸，与Palazzo Giustinian相连。

Tips

- 3246, Dorsoduro, Venezia, VE 30123
- 041-2348111

30 葛拉西宫

15世纪威尼斯新古典风格的典范

作为18世纪威尼斯新古典风格建筑的典范，葛拉西宫在意大利语中有"肥胖"、"厚重"之意。这座巨大的白色建筑外观典雅，没有威尼斯众多建筑立面上繁复的装饰，颇为内敛的白色风格也吸引了来自各地的众多游人。

Tips
🏠 Campo San Samuele, 3231, 30124 Venezia ☎ 041-5231680

31 土耳其人仓库
典型的威尼斯拜占庭风格建筑　★★★★ 赏

Tips
📍 威尼斯大运河南

　　建于13世纪的土耳其人仓库现今是威尼斯自然史博物馆的展馆。作为典型的威尼斯拜占庭风格建筑，这幢拱形的建筑因为在1621—1838年曾是土耳其商人的总部，故而又被称为"土耳其人仓库"，其半圆状并以小石柱支撑、隔开的窗户造型颇为特殊。

32 文德拉明宫
威尼斯的冬季赌场　★★★★ 赏

　　作为威尼斯文艺复兴建筑的典范之一，曾经是贵族住宅的文德拉明宫早已被改建成为装饰奢华典雅的酒店，洋溢着15世纪威尼斯文艺复兴前期的风格。直到1883年逝世前，瓦格纳一直在文德拉明宫居住，现今他曾经住过的房间早已经被辟为博物馆，吸引了众多音乐爱好者来这里朝圣。此外，大门前铺着红地毯的文德拉明宫旁边经常停泊着许多高级的贡多拉，每到冬季这里还会开放赌场。

Tips
📍 Cannaregio 2040, 30121 Venezia　☎ 041-5297230

意大利攻略　威尼斯

33 犹太人区
●●● 威尼斯的犹太人聚居区　★★★★ 赏

　　1516年，威尼斯共和国政府强制在威尼斯居住生活的犹太人去现今的犹太广场一带聚居。当时为了在这片有限的土地上居住更多的人，政府修建了大量醒目的高层建筑，以及犹太会堂和犹太教礼拜堂、爱普莱克博物馆，博物馆内展示有祭祀服装及17—19世纪珍贵的银饰品等。此外，在犹太广场周围还散落着一些与犹太教相关的商店，吸引了众多游人在这里驻足，购买纪念品。

> **Tips**
> Ghetto　乘1、82号水上巴士至S.MTCUOLA站，下船即达；或乘41、42、51、52路至GUGLIE站

意大利攻略　威尼斯

148

34 | 菜园圣母院

●●● 欣赏丁多列托的杰作　　★★★★ 赏

14世纪修建的菜园圣母院最初是献给克里斯多夫的，但在附近的菜园发现了圣母子像后，便重新奉献给圣母玛利亚，教会的名称也因此更改为"菜园圣母院"。现今，菜园圣母院内的圣母子像伫立在礼拜堂内，入口的门上装饰着丁多列托的《圣母玛利亚的奉献》，堂内则有《最后的审判》、《黄金小牛的牺牲》，吸引了众多游人专程前来观看。

Tips

¥ 2.5欧元　　🕐 10:00—17:00，7、8月的周日休息
🚌 乘41、42、51、52号水上巴士至MADONNA DELL'ORTO站，下船即达

意大利攻略　威尼斯

35 威尼斯海洋历史博物馆
● ● ● 了解威尼斯的航海历史　　　　★★★★ 赏

　　威尼斯海洋历史博物馆是一座可以让游人充分了解威尼斯航海历史的博物馆，博物馆从一层到四层的展示区内收藏有威尼斯共和国总督举行仪式时搭乘的座船、各类船只模型、18世纪末海军造船工厂示意图、贡多拉的制作流程图、装饰船只用的航海道具、海军服饰等，以及大量意大利海军的珍贵文物。

Tips
- Sestiere Castello, 2148/a 30122 Venezia
- 041-5200276　￥1.55欧元　周一至周六8:45—13:30，周日及节假日休息　乘1号水上巴士至ARSENALE站，向前步行一段距离即达

36 圣保罗教堂
● ● ● 有千年历史的古老教堂　　　　★★★★ 赏

Tips
- Ca' Pesaro, Fondamenta Pesaro, 2078, Venezia　￥2欧元　周一至周六10:00—17:00，周日13:00—17:00　乘1号水上巴士至S.SIVESTRO或S. TOMA站，下船后步行一段路程即达

　　始建于9世纪初的圣保罗教堂最初是拜占庭式建筑，在15世纪改建为哥特式建筑，后又在1804年重新修整为新古典主义样式，现今只有教堂对面钟塔底部的狮子像还保留着千余年前最初修建时的原貌。在圣保罗教堂内收藏有《最后的晚餐》、《圣母玛利亚的现身》等珍贵的壁画，小礼拜堂内还有描绘耶稣受刑的14幅连续画作，吸引了众多宗教爱好者慕名前来观看。

37 佩沙罗宫

大运河沿岸最古老的建筑之一

始建于1676年的佩沙罗宫历时34年，直到1710年才最终完工，是知名建筑师隆格纳设计的最后一栋建筑，同时也是威尼斯大运河沿岸最古老的建筑之一，曾作为圣马可的大法官雷欧纳多·佩沙罗的住所。作为17世纪威尼斯巴洛克风格的典范之一，现今这幢华丽的宫殿已经被辟为东方博物馆对公众开放，博物馆内收藏有亨利王子周游印尼、马来西亚、中国、日本等国家时收集的共计3万余件珍贵收藏品。

Tips

🏠 Fondamenta Pesaro, 2078, 30135 Venezia　¥ 5.5欧元　🕐 周二至周日10:00—18:00，周一休息　🚌 乘1号水上巴士至S.STAE站，下船即达

意大利攻略　威尼斯

38 维罗纳

悲剧爱情的舞台

Tips
- 威尼斯西侧（旅游服务中心）
- 045-8000861、80686809
- 从威尼斯火车站乘火车至维罗纳的新门站，行程约1小时20分钟

位于阿尔卑斯山南麓的维罗纳风光迷人，是意大利最为古老美丽的城市。古罗马、中世纪和文艺复兴三段历史时期的建筑完整地呈现在维罗纳的老城区中，曲折的街巷两侧林立着众多历史悠久的古老建筑。其中最吸引游人的就是卡佩罗路27号小院里的一幢小楼，这里作为莎士比亚的名作《罗密欧与朱丽叶》中朱丽叶的故居，院内正面竖立着一尊真人高矮的朱丽叶青铜塑像，亭亭玉立，深情而又略带哀怨，每一个来到这里观光的游人都会触摸一下铜像的右胸，祈求能够得到美好的爱情。铜像左侧的大理石阳台是罗密欧与朱丽叶这对情侣幽会的场所，所有门墙上写满了祝福爱情的话语，这里与朱丽叶的墓地一同成为全世界青年男女膜拜的爱情圣殿，每年都有不少情侣专程从世界各地赶来这里结婚，为的是要像罗密欧与朱丽叶一样誓死捍卫爱情。

39 帕多瓦

充满学术气息的古城 ★★★★ 逛

毗邻威尼斯的帕多瓦早在罗马时代就已经是一座富庶的城市，曾被誉为是仅次于罗马的"富庶之城"。13世纪即为自由城邦的帕多瓦于15世纪开始接受当时强盛的威尼斯共和国的支配，现今人们依旧可以在这座古老的城市中看到大量中世纪流传下来的柱廊式街廓布局，而新建的建筑也遵循这一原则，使得城市整体风格和谐统一。毗邻帕多瓦火车站的斯克罗韦尼教堂与市立博物馆相连，游人可以在这里欣赏艺术大师乔托的壁画，其中最为知名的当属《犹大亲吻耶稣》，吸引了来自世界各地的美术爱好者前往朝圣。作为帕多瓦的城市骄傲之一，帕多瓦大学创建于13世纪，以自由、通俗而闻名，哥白尼、哈伯等都曾在此学习，伽利略、但丁、彼特克拉等曾在此授课。在医学和自然科学的研究方面被誉为"欧洲第一"的帕多瓦大学，拥有世界第一个圆形阶梯状解剖学教室，是现今众多游人前往观光的重要景点之一。此外，帕多瓦的雕塑广场也吸引众多观光客拍照留念，广场上一系列人像雕塑都是帕多瓦历史上的名人，观光之余还可了解帕多瓦的历史。

Tips

🏠 威尼斯西侧 ☎ 041-8752077、8753087（旅游服务中心）🚉 从威尼斯乘火车约半小时即达帕多瓦，从火车站出来沿着人民大道直走约10分钟即达

意大利攻略 | 威尼斯

153

意大利
攻略HOW

Part.11 佛罗伦萨

　　佛罗伦萨在意大利语中是花之都的意思，我国诗人徐志摩曾将其翻译为"翡冷翠"。作为意大利首屈一指的艺术名城，历史悠久的佛罗伦萨在文艺复兴时期声名显赫，至今仍是公认的欧洲最美丽的城市之一。

意大利攻略

佛罗伦萨

佛罗伦萨 特别看点！

第1名！ 圣母百花大教堂！ 100分！
★ 佛罗伦萨的地标，美轮美奂的教堂！

第2名！ 乌菲兹美术馆！ 90分！
★ 意大利最大的美术馆，文艺复兴的艺术宝库！

第3名！ 圣洛伦佐教堂！ 75分！
★ 美第奇家族的私人礼拜堂，收藏美第奇家族的历代藏书！

01 乔托钟楼
百花大教堂的巨大钟楼　★★★★ 赏

乔托钟楼是圣母百花大教堂的钟楼，是文艺复兴时期著名的艺术大师乔托所设计的。这座钟楼高84米，和大教堂一样是哥特式风格，并且和大教堂的巨大红色穹顶交相辉映，显得更具气势。虽然这座钟楼以乔托的名字命名，但是乔托本人并没能看到钟楼的完工，他在建完第一层后就去世了，由其他两位建筑师将这座钟楼最后完成。

Tips
🏠 Piazza del Duomo　☎ 055-2302885　¥ 6欧元

156

02 圣母百花大教堂 100分!

佛罗伦萨的地标 ★★★★★ 赏

圣母百花大教堂是佛罗伦萨城内最著名的哥特式教堂，这里由大教堂、钟塔与洗礼堂等几个部分构成，其中大教堂外墙上使用红、白、绿三色大理石做装饰，显得颇具活力。屋顶的橘红色大圆顶十分醒目，从老远的地方就能看到，是佛罗伦萨最著名的地标。1982年它作为佛罗伦萨历史中心的一部分被列入《世界文化遗产名录》。

Tips
Via della Canonica 1　055-2302885

必玩01 《最后的审判》湿壁画
瓦萨里的传世名作

《最后的审判》湿壁画位于圣母百花大教堂的大穹顶之上，这是意大利著名画家瓦萨里的作品，他以强烈的风格展现了天堂中盛宴的场景和地狱中酷刑折磨的场面，极具压迫感，让人过目难忘。

必玩02 大教堂美术馆
收藏教堂内的珍贵美术品

大教堂美术馆位于圣母百花大教堂一侧，这里主要收藏着大教堂内的各种艺术作品，包括米开朗基罗在80岁时"未完成的彼得像"，以及多纳泰罗的三位一体雕塑等，具有极高的艺术价值。

必玩03 圣雷帕拉达教堂遗迹
教堂的原身遗址

圣母百花大教堂建于5世纪的圣雷帕拉达教堂遗址之上，如今在大教堂的周围还能看到一些原先小教堂的痕迹，这正反映了当时基督教徒不断增多，而希望教堂规模不断扩大的社会现实。

必玩04 洗礼堂
教堂内历史最悠久的建筑

圣乔凡尼洗礼堂就位于大教堂西侧，是这里历史最悠久的建筑物，造型为八角形的白色罗马式建筑，包括但丁、马基雅维利等在内的佛罗伦萨出生的人大多都在这里接受洗礼。洗礼堂的大门是这里最大的看点，其上有《旧约》故事的浮雕，被米开朗基罗誉为"天堂之门"。

意大利攻略　佛罗伦萨

03 领主广场

佛罗伦萨曾经的政治中心 ★★★★ 赏

Tips
📍 Piazza della Signoria

　　领主广场是佛罗伦萨旧时王宫前的广场，早在佛罗伦萨共和国时期，这里是整个城市的政治中心。在这处L形的广场周围汇集了佛罗伦萨最多的古代建筑，包括佣兵凉廊、乌菲兹美术馆、商人法庭和乌古其奥尼宫等。沿街的各种精美雕塑更为这里增添了不少艺术感，是佛罗伦萨人和各地游客的主要聚会地点。

04 韦奇奥宫

曾经的佛罗伦萨国政厅 ★★★★ 赏

　　韦奇奥宫在佛罗伦萨共和国时期曾经是国政厅所在地，至今这里门口还悬挂着佛罗伦萨共和国的徽章。韦奇奥宫共分三层，其中第二层有一个16世纪的沙龙，这里曾经是佛罗伦萨共和国时期的会议室，到处都挂着瓦萨里的画作，而三楼13世纪的沙龙更是装饰了精致的天花板壁画和绘有佛罗伦萨地图的壁毯，很有艺术价值。

Tips
📍 Piazza della signoria　☎ 055-2768224　¥ 6欧元

05 乌菲兹美术馆 90分!

文艺复兴的艺术宝库

> **Tips**
> 🏠 Loggiata degli Uffizi ☎ 055-294883 💴 6.5 欧元

乌菲兹美术馆坐落于原来的意大利政务厅乌菲兹宫之上，这里主要以收藏文艺复兴时期欧洲各个画派的代表人物的画作而闻名，包括达·芬奇、米开朗基罗、拉斐尔、丁托列托、伦勃朗、鲁本斯、凡·代克等人的画作在这里都有展示，此外还包括不少同时期的雕塑作品，被誉为"文艺复兴的艺术宝库"。

意大利攻略 佛罗伦萨

159

06 巴杰罗宫国家博物馆

意大利最重要的国家博物馆之一 ★★★★ 赏

巴杰罗宫国家博物馆是意大利最重要的国家博物馆之一，这座博物馆的前身巴杰罗宫原本是佛罗伦萨的法院和监狱，样子好像一座阴森的堡垒。但是走进博物馆，人们立刻会被这里的各种精美艺术品所折服，在这里收藏着多纳泰罗、米开朗基罗等大师的作品。同时馆中还有古代陶器、纺织品、象牙制品、银器、盔甲和古钱币等，反映了佛罗伦萨各个时期人们的生活样貌。

Tips
Via del Proconsolo 4　055-294883　4欧元

07 圣天使报喜广场

简洁幽静的广场 ★★★★ 赏

圣天使报喜广场是佛罗伦萨一座略显幽静的广场，这座广场是布鲁内雷斯基设计的。广场的造型相当简洁，文艺复兴式的风格使得这里成为后世广场设计的一个典范。在广场上有一座同名的教堂，这是当年统治佛罗伦萨的美第奇家族所捐资修建的。广场东面的孤儿院也很值得一看。

Tips
Piazza della Santissima Annunziata

08 圣十字教堂

众多大师的安息之所 ★★★★ 赏

Tips
- Piazza di Santa Croce
- ☎ 055-244619
- ¥ 5欧元

圣十字教堂是一座哥特式教堂，它从13世纪开始动工以来，一直到19世纪才彻底完工。这座教堂外形呈一个埃及十字形状，内部被划分为3个纵厅，内有10个礼拜堂。在这里安放着包括但丁、米开朗基罗、伽利略、马基雅维利、罗西尼等历史名人的纪念碑或陵墓。漫步在这些纪念碑之间，很有一种和这些大师对话的感觉。

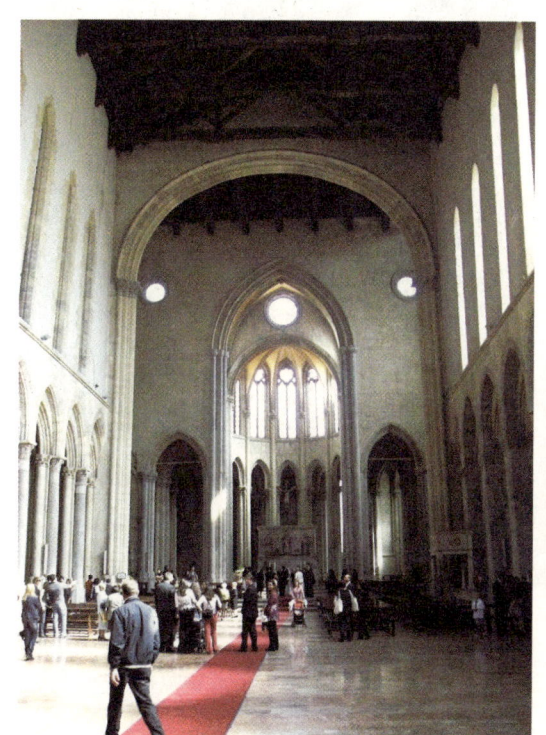

09 圣洛伦佐教堂 75分!

美第奇家族的私人礼拜堂 ★★★★★ 赏

Tips
- Piazza San Lorenzo
- ☎ 055-210760
- ¥ 3.5欧元

圣洛伦佐教堂是美第奇家族的私人礼拜堂，由布鲁内雷斯基所建的旧圣器室、米开朗基罗建造的新圣器室和17世纪修建的君主礼拜堂三部分组成。这三个部分风格和样式各不相同，前面的旧圣器室风格简练优雅，后面的新圣器室则存放着很多米开朗基罗的雕塑作品。此外，在教堂二楼还有圣洛伦佐图书馆，存放有美第奇家族所藏的共1万册古书。

意大利攻略 佛罗伦萨

意大利攻略　佛罗伦萨

10 艺术学院美术馆

米开朗基罗的杰作《大卫》

★★★★★ 赏

　　佛罗伦萨艺术学院成立于1562年，这里是欧洲最古老的以艺术教育为主的学院，主要以教授素描、绘画和雕刻等为主。而在艺术学院所属的美术馆中，则收藏着很多举世闻名的艺术珍品。其中最著名的当数米开朗基罗最杰出的作品《大卫》，这座雕像将人体的美完完全全展示了出来，是后世竞相效仿的经典。除了《大卫》，这里还有很多米开朗基罗的其他作品，也是值得一看的精品。

Tips
- Via Ricasoli 60r
- 055-294883
- ¥ 6.5欧元

11 美第奇-里卡迪宫

巴洛克风格的宫殿

Tips

📍 Via Cavour 1　💴 4欧元

　　美第奇—里卡迪宫就位于圣洛伦佐教堂对面，建于1444年，是当时的佛罗伦萨统治者美第奇家族的居所，他们在这里住了80多年，后来在18世纪将宫殿卖给了里卡迪家族。后者将宫殿进行了大规模的巴洛克风格改造和装修。在宫殿的小礼拜堂里，有一幅东方三圣觐耶稣的画像，但是其内容事实上是美第奇的出游图，画中人物众多，绘制生动，手法细腻。

意大利攻略　佛罗伦萨

163

意大利攻略 佛罗伦萨

12 美第奇礼拜堂
美第奇家族的墓地 ★★★★ 赏

美第奇礼拜堂就位于圣洛伦佐教堂旁，这里是美第奇家族的墓地所在，主要分作墓穴、八角形的君主礼拜堂和新圣器收藏室三部分，其中米开朗基罗设计的新圣器收藏室是这里最大的看点。在这里有一组以《晨》、《暮》、《昼》、《夜》为主题的四座雕塑，堪称米开朗基罗创作高峰期的杰作。

必玩 中央市场
佛罗伦萨最著名的集市

中央市场是佛罗伦萨最著名的集市，在这里出售各种意大利本土生产的商品，是佛罗伦萨人的骄傲。而且在市场周围还有很多出售当地传统小吃的小店，在这里既能买到心仪的商品，也能大饱口福。

Tips
Piazza Madonna degli Aldobrandini 6
055-2388602　¥6欧元

13 新圣母玛利亚教堂

来到佛罗伦萨的游客会最先看到的景点 ★★★★ 赏

新圣母玛利亚教堂建于13世纪，坐落在如今的佛罗伦萨火车站旁。这里是每个来到佛罗伦萨的游客都会最先看到的景点，从外观看，这里一点都不起眼，外墙呈土黄色，显得很是破败。但是走进教堂，满眼的湿壁画会让人将之前的印象一扫而光。教堂内就好像一座精美的画廊，各种宗教内容的壁画触目皆是，其中最著名的还是要数马萨乔的《圣三位一体》壁画，是非常有名的教堂艺术之一。

Tips
Piazza Castello　055-215918　¥2.5欧元

新圣母玛利亚香料药草药房

看古老的草药制作过程

早在13世纪，新圣母玛利亚教堂中的教士就开始种植各种药草来制作药膏或乳霜，这一传统一直延续至今。如今在这里，很多药膏的配方还都是800年前的。而店里也颇具古典风格，还展示过去所用的各种工具，让人颇感新奇。

意大利攻略 | 佛罗伦萨

14 皮蒂宫
● ● ● 气势宏伟的宫殿 ★★★★ 赏

Tips
📍 Piazza de' Pitti ☎ 055-213440 ¥ 7欧元

皮蒂宫也是由佛罗伦萨知名的建筑师布鲁内雷斯基设计的，在1550年的时候这里被美第奇家族用作他们的主要居所。这座建筑正面长205米，高36米，用粗大的石块砌成，是佛罗伦萨最宏伟的建筑。皮蒂宫的外观相当纯粹，没有做多少修饰，只在一楼的窗户下修建了带有狮子头像的喷泉。整个宫殿好像一座大山，给人以强烈的印象。

必玩 01 帕拉提娜画廊
美第奇家族的艺术收藏

帕拉提娜画廊是皮蒂宫里的重要组成部分，这里收藏了美第奇家族多年以来收集的各种珍贵的工艺品，包括拉斐尔、波提切利、提香等艺术家的作品。而收藏这些工艺品的沙龙里则更是画满了壁画，充满了浓浓的艺术气息。

必玩 02 波波里花园
典型的意大利花园

位于皮蒂宫内侧的波波里花园是一处典型的意大利式花园，在这里有人工钟乳洞和多个精美的喷泉，也有种满松树和杉树的树林，好像一处原始森林。在这里到处还夹杂着各种现代艺术的雕塑，让人觉得和四周的环境有些格格不入。

15 阿尔诺河老桥

花岗岩三孔拱桥　★★★★★　赏

Tips
Ponte Vecchio　从新圣母玛利亚车站步行20分钟

阿尔诺河自西向东穿过佛罗伦萨市，是佛罗伦萨人的母亲河。在河上有众多的古代石桥，而其中最漂亮、最著名的一座当数阿尔诺河老桥。这座桥建于12世纪，是佛罗伦萨少有的完整保留到今天的古桥。这是一座三孔拱桥，桥身由花岗岩制成。桥上两侧还建有一些民宅，就好像浮在桥面上一样，非常有趣。

16 米开朗基罗广场

欣赏佛罗伦萨古城风光的好地方　★★★★★　逛

Tips
Piazzale Michelangelo

米开朗基罗广场位于佛罗伦萨市区南端，这座广场建于1868年，是以在佛罗伦萨出生的艺术大师米开朗基罗的名字命名的。从广场中心向四周看，可以看到百花教堂那红色的圆顶、奔流的阿尔诺河以及各种古老的传统建筑，是欣赏佛罗伦萨古城风光的好地方。同时在广场上还有不少精美的雕像，正中央的《大卫》雕像更是人们关注的焦点。

必玩 《大卫》雕像

米开朗基罗著名作品的复制品

位于米开朗基罗广场中心的《大卫》雕像是举世闻名的米开朗基罗杰作的复制品，整座雕像使用青铜铸成，高5.5米的它具有人类最完美的肌肉比例，像中的大卫肌肉紧绷，眼神坚毅，显得相当自然。这也是米开朗基罗的艺术生涯中最为人们所称道的名作。

意大利攻略　佛罗伦萨

17 米开朗基罗博物馆

米开朗基罗住所改建的博物馆 ★★★★ 赏

米开朗基罗博物馆建于米开朗基罗本人在佛罗伦萨的居所的基础之上，这里最大限度地保留了米开朗基罗的生活痕迹，陈列着不少米开朗基罗所使用过的绘画用具以及他早期的画作和手稿等珍贵文物。除了这些外，米开朗基罗的作品也是必不可少的，这里珍藏的《楼梯上的圣母》是米开朗基罗15岁时候的作品，是他早期画作的典范。

Tips
Via Ghibellina, 70-red, 50122 Firenze, Italia ☎ 055-241752

18 圣米利亚特教堂

佛罗伦萨最美丽的罗马式建筑 ★★★★ 赏

圣米利亚特教堂位于佛罗伦萨最高的地方，从这里可以俯瞰佛罗伦萨全城的景色。这是一座罗马天主教的主座教堂，被誉为"托斯卡纳大省最美丽的罗马式建筑"。它的外观以白色大理石为主，各种彩色大理石为装饰，而内部则有精美的壁画和镂空雕花装饰。同时这里也是很多名人的安葬地，其中最著名的要数童话《木偶奇遇记》的作者科洛迪。

Tips
Via del Monte alle Croci, 34, 50125 Firenze ☎ 055-2342731

19 但丁故居
寻找但丁生活的痕迹 ★★★★ 赏

Tips
🏠 Via Santa Margherita, 1, 50122 Firenze, Italia ☎ 055-219416

但丁故居位于佛罗伦萨市内一条叫做但丁街的小巷上。这座建筑是一座砖石砌成的小楼，外观上很不起眼，和周围相比也显得古旧。因为年代久远，所以其中的展室也显得相对陈旧，在这里收藏了不少有关但丁的图片和文字资料，其中还有《新生》、《宴会》、《神曲》等著作的羊皮纸手稿。此外，画家豪里达所绘的《但丁与贝特丽丝邂逅》也是这里的看点之一。

20 圣灵教堂
将简约变为风格的教堂 ★★★★ 赏

Tips
🏠 Piazza di Santo Spirito

圣灵教堂始建于15世纪，也是建筑师布鲁内雷斯基的作品。这座教堂的最大特点就是它的外墙上光秃秃的，没有一点装饰，和别处花哨豪华的教堂比起来，实在是简单到了极致。如今经常有各方设计师为这里的外墙设计图案，有的精美，有的搞笑，把各种奇思妙想发挥到了极致。而教堂内却是五脏俱全，中央有一座木质十字架耶稣像，是米开朗基罗的作品。

意大利攻略　佛罗伦萨

169

意大利
攻略HOW

Part.12 比萨

比萨在古罗马帝国时代曾经是一处重要的海港城市，在中世纪时还曾经是地中海西岸一个强大的国家，直到13世纪，这里都是欧洲文化、艺术、科学、数学最繁盛的城市。

比萨 特别看点!

意大利攻略 比萨

第1名！比萨斜塔！ 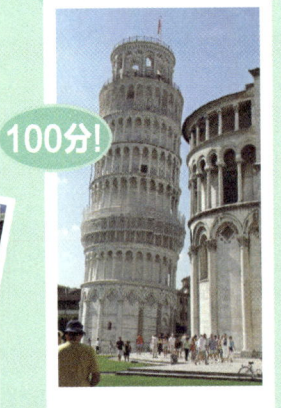 100分！
★ 斜而不倒的百年谜题，比萨乃至意大利的标志！

第2名！比萨大教堂！ 90分！
★ 罗曼式教堂建筑的典型代表，著名的宗教遗产！

第3名！骑士广场！ 75分！
★ 比萨曾经的政治中心，古罗马帝国时期的议事广场！

01 比萨大教堂 （90分！）
意大利罗曼式教堂建筑的典型代表 ★★★★★ 赏

Tips
🏛 Piazza del Duomo ☎ 050-560464 ￥ 2欧元
🕙 10:00—19:00 🚉 从佛罗伦萨的新圣母玛利亚车站乘火车至比萨车站，出站后沿着克利斯比路步行约30分钟即达

始建于1603年的比萨大教堂是为纪念比萨城的守护神圣母玛利亚而建的。具有所谓罗曼-比萨风格的比萨大教堂是意大利著名的宗教遗产，也是意大利罗曼式教堂建筑的典型代表。平面呈长方的拉丁十字形的比萨大教堂，纵深的中堂与宽阔的耳堂相交处为一椭圆形拱顶所覆盖，中堂用轻巧的列柱支撑着木架结构的屋顶。大教堂的底层入口处有3扇大铜门，上有描写圣母和耶稣生平事迹的各种雕像。大门上方是几层连列券柱廊，以带细长圆柱的精美拱圈为标准，逐层堆叠为长方形、梯形和三角形，布满整个大门正面。教堂外墙是用红白相间的大理石砌成，色彩鲜明，具有独特的视觉效果。

02 比萨斜塔 (100分!)

斜而不倒的世界建筑史奇迹 ★★★★★ 赏

Tips
- Piazza del Doumo ☎ 050-560464 ¥ 15欧元
- ⏱ 9:00—19:00 🚆 从佛罗伦萨的新圣母玛利亚车站乘火车至比萨车站，出站后沿着克利斯比路步行约30分钟即达

位于比萨古城内教堂广场上的比萨斜塔是一座古罗马建筑群中的钟楼，造型古朴而又秀巧。其在建塔之初还是笔直向上的，建到第三层时由于土层强度差，而且塔基只有3米深，完全不能承受大理石砌筑的塔身重量，于是塔体开始倾斜，工程也被迫停工，直到96年后才开始继续施工。为了防止塔身再度倾斜，工程师们采取了一系列补救措施，现今比萨斜塔依旧巍然屹立，其"斜而不倾"的现象也被称为世界建筑史上的奇迹。

此外，值得一提的是，比萨斜塔除了因塔身倾斜而闻名外，1590年伽利略曾经在塔顶做过让两个重量相差10倍的铁球同时从塔顶落下的自由落体运动试验，推翻了希腊著名学者亚里士多德"物体下落速度与重量成正比"的理论，一举开创了实验物理的新时代，比萨斜塔也因而名声大噪。

03 比萨大教堂广场

庄严雄伟的"奇迹广场" ★★★★★ 赏

比萨大教堂前的大教堂广场由雕塑家布斯凯托·皮萨诺主持设计，被称为"奇迹广场"。整个广场全部采用白色大理石砌成，带给人们雄伟庄严的感觉。广场上耸立着宏伟壮观的比萨大教堂，此外还有一个圆形的洗礼堂和比萨斜塔，构成一组世界闻名的建筑群。全部建筑群的修建共耗时288年，是意大利中世纪最重要的建筑群之一，也是比萨城的标志性建筑。

Tips
- Piazza del Doumo ☎ 050-560464 ¥ 免费
- 🚆 从佛罗伦萨的新圣母玛利亚车站乘火车至比萨车站，出站后沿克利斯比路步行约30分钟即达

意大利攻略 | 比萨

04 骑士广场　75分！
比萨曾经的政治中心　★★★★★ 逛

Tips
📍 Piazza dei Cavalieri

比萨骑士广场原本是古罗马帝国时期比萨的议事广场，后来被改造成为圣斯蒂法诺骑士团的总部。这里有巍峨的骑士宫，有神圣的圣斯蒂法诺教堂，还有一座骑士团创始人科西莫一世的雕像。除此之外，在广场周围还有很多古典风格的房屋，使得广场显得空旷而幽静，完全没有罗马或是米兰这种大城市广场的喧闹感，更能让人体验到一种古典的怀旧风情。

必玩 ★ 骑士宫
被改建成大学的骑士团团部

骑士宫是骑士广场上最主要的建筑，这里原本是比萨的市政府所在地。在中世纪时期，比萨被佛罗伦萨打败，这里也被改建成了圣斯蒂法诺骑士团的团部。如今这里已经是比萨最知名的学府高级师范学校的校舍，原本骑士们的肃杀之气已经被书卷气所取代，只留下宏伟的建筑供人凭吊。

05 荆棘的圣母玛利亚教堂
世界上最小的教堂　★★★★ 赏

荆棘的圣母玛利亚教堂号称世界上最小的教堂，虽然规模很小，但艺术感却一点也不少。这座教堂顶上和著名的米兰大教堂一样有无数尖塔，整体是用白色大理石建成，虽然在气势上不是那么宏伟，但却平添了一种小巧精致的感觉。教堂内供奉着据说是耶稣临刑前所戴荆棘冠上的一根刺，很多人为了亲眼见识一下这件圣物而来到这里。

Tips
📍 Lungarno Gambacorti　¥ 1.5欧元

06 洗礼堂
拥有巨大圆顶的洗礼堂 ★★★★★ 赏

Tips
Piazza dei Miracoli ¥5欧元

洗礼堂位于比萨大教堂前方，这里的历史最早可以追溯到12世纪。它是标准的罗曼式建筑，有大大的圆形屋顶，在屋顶上矗立着高大的施洗者约翰的雕像。在洗礼堂内可以看到著名的雕塑家皮萨诺所作的雕塑《诞生》，反映了耶稣降生时的场景。在这里还有一个好像浴缸大小的洗礼盆，讲解员会利用这里特殊的声光效果为人们介绍这里的历史。

07 墓园
庭院一般的墓园 ★★★★★ 赏

墓园也是比萨大教堂广场上的组成部分，建于13世纪。这里与其说是墓地，不如说更像一个用大理石围墙围起来的庭院。墓园呈长方形，地面上芳草萋萋，四周被雕花长窗所包围，其中安放着很多雕塑和石棺。每一座石棺上都雕刻着精美的浮雕，简直是一件件出色的艺术品。

Tips
Piazza dei Miracoli ¥5欧元

意大利攻略 比萨

175

意大利
攻略HOW

Part.13 那不勒斯

那不勒斯曾经是古罗马帝国时代奥古斯都大帝最爱的避寒胜地，地处阳光明媚的意大利南部，盛产各种食材，可品尝口味独特的意大利南部料理。

意大利攻略 那不勒斯

那不勒斯 特别看点！

第1名！
那不勒斯王宫！
100分！

★ 那不勒斯最为重要的历史名胜之一，波旁王朝时期的王宫！

第2名！
那不勒斯大教堂！
90分！

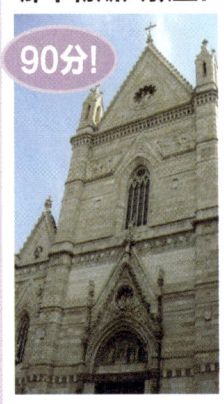

★ 收藏有圣人血液的教堂，令人眼花缭乱的壁画！

第3名！
新堡！
75分！

★ 那不勒斯曾经的统治中心，那不勒斯市立博物馆的所在！

---

01 那不勒斯王宫 （100分）
波旁王朝时期的王宫　　★★★★★ 赏

那不勒斯王宫位于那不勒斯市内的普雷比席特广场对面，建于1600年，后于18世纪时变为波旁王朝的王宫。在王宫正面的巨大墙壁上安放着8尊国王的大理石像，王宫后部还有漂亮的御花园。这座王宫在1925年时被意大利政府改为国家图书馆，同时还对外展出这里收藏的艺术品和绘画作品，成为那不勒斯最重要的历史名胜。

Tips
- Piazza del Plebiscit
- 在中央车站搭乘R2巴士在Pza.Trieste e Trento站下
- 081-400547
- ¥ 4欧元

178

必玩 ★ 公民投票广场
被改建成大学的骑士团团部

　　公民投票广场是那不勒斯人重要的休息和游览场所，早在1861年，这里举行了意大利南方整体加入领导意大利独立的萨伏依王国的全民投票，广场因此而得名。这里有模仿古罗马遗迹的半圆形柱廊，是当今那不勒斯的象征。

02 圣洛伦佐马乔雷教堂
历史爱好者的上佳去处　★★★★ 赏

　　圣洛伦佐马乔雷教堂是一座始建于13世纪的教堂，这里因为安葬着奥地利女王凯瑟琳而被人关注，凯瑟琳的墓碑如今还矗立在教堂内圣坛的右侧，成为教堂的一大看点。著名的意大利诗人彼特拉克曾在这里居住过。此外，在这座教堂的下面是具有古希腊和古罗马风格的城市遗址，而且保存完好，是历史爱好者们的好去处。

Tips
🏠 Piazza San Gaetano 316　🚇 乘地铁FS线在 Piazza Cavour 站下　☎ 081-2110860　¥ 9欧元

意大利攻略　那不勒斯

意大利攻略 那不勒斯

03 新堡　75分！
●●● 法式风格的城堡　★★★★ 赏

Tips
🏛 Largo Castello　☎ 081-7952003　📅 周一至周六9:00—19:00　🚌 由皇宫徒步7分钟，或由中央车站乘R2路公交车至慕尼奇皮欧广场，下车即达

建于1279年的新堡是在法国安茹伯爵家族统治时期查尔斯一世修建的一座城堡，城墙上有4座圆筒形高塔。之后统治那不勒斯的阿拉贡家族在1443年时全面改建了此城堡，1467年为纪念伟大的阿方索一世入城，又增建了一座白色的凯旋门，刻有赞美其家族的浮雕，被誉为"哥特式至文艺复兴式过渡期的代表"。现今，新堡内设有小型博物馆，游人可以在这里欣赏描绘那不勒斯历史的油画。

04 翁贝托一世拱廊
●●● 那不勒斯市内最著名的购物区　★★★★★ 逛

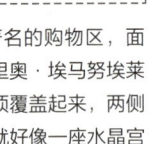

翁贝托一世拱廊是那不勒斯市内最著名的购物区，面对主干道托雷多大街。这里和米兰的维托里奥·埃马努埃莱二世拱廊十分类似，顶上用巨大的玻璃穹顶覆盖起来，两侧是用大理石建成的传统风格建筑，看起来就好像一座水晶宫殿，也被当地人称为"玻璃宫"。在这里购物有一种身处画廊中的感觉，好像连买卖商品也成了优雅的享受。

Tips
🏛 Piazza Trieste e Trento　🚌 在中央车站搭乘R2巴士在Pza.Trieste e Trento站下

05 横路区

● ● ● 那不勒斯古城民俗风貌最浓郁的地方　★★★★★ 赏

> **Tips**
>
> 🏛 Decumano ⏰ 怜悯的慈悲山教堂：周一至周六9:00—13:30，周日休息；圣洛伦佐教堂：周一至周六9:00—17:00，周日与节假日9:30—13:30；新耶稣教堂：7:00—13:00，16:00—19:30；圣奇拉教堂：7:00—12:30，16:00—19:00

横路区本是古罗马时期的一条宽阔的大道，现在是那不勒斯旧城区的中心地带，四周遍布着一座座古老的教堂和中世纪的民居建筑。如今，这挂满各种衣物的狭窄小巷已成为当地独特的风景线。法庭大道是其核心景区，这里众多的哥特式教堂大都修建于13—16世纪，其中的主教堂是最为独特的一座，它不但拥有雄伟壮观的外部建筑和各种美丽的雕刻，还珍藏着各种贵重物品。怜悯的慈悲山教堂是以珍藏的大量杰出画作而得名的。在圣洛伦佐教堂可以感受那不勒斯的历史变迁，而圣保罗教堂与炼狱圣母教堂都是各有特色的景点。新耶稣广场上的同名大教堂是由火山岩砌筑而成的。它那独特的黑色外观已经成为那不勒斯的标志性建筑。圣奇拉教堂是一组华美的建筑群，充满了浓郁的意大利风情，尤其是镶嵌着彩色瓷砖的庭院更是令人赞叹不已。圣格里高利·阿蒙诺大道上遍布着那不勒斯独特的手工艺品，这里同时也是古城民俗风貌最为浓郁的地方。

06 平民表决广场

● ● ● 那不勒斯最繁华的广场　★★★★ 赏

平民表决广场是那不勒斯最为繁华的广场。这座广场原本是一座教堂，被拿破仑占领后成为当地民众集会的广场，因1861年意大利南方全民公决决定加入领导意大利独立的撒丁王国而得名。它视野开阔，位于那不勒斯的新城与旧城之间，广场上最惹人注意的是新古典主义建筑风格的半圆形柱廊，现在是那不勒斯城市复兴的象征，也是深受市民和游人欢迎的休闲与游览场所。广场四周有许多中世纪与文艺复兴时期的建筑，其中最著名的当属圣弗朗西斯教堂。这座巴洛克式的教堂拥有独特的半球形穹顶，但它的顶部又模仿罗马的万神殿，在天花板中心开一圆形天窗，天然采光使得教堂内部十分明亮。那不勒斯王宫是由当时统治这里的西班牙国王菲利普三世下令建造的，是那不勒斯最美的古典建筑之一。广场东部的一座不起眼的建筑则自中世纪以来就是那不勒斯驻军的司令部，延续至今虽几易其主但功能从未改变。

> **Tips**
>
> 🏛 Piazza Plebiscito ☎ 081-5808111 ⏰ 周二至周五9:00—14:00，周六至周日9:00—13:00、16:00—19:30

07 那不勒斯地下世界

● ● ● 神秘的地下城　　★★★★ 赏

在那不勒斯市内有一个圣盖塔诺广场，广场四周都是狭窄的小巷，乍看起来一点也不起眼。但是通过广场边的一个入口，人们就能来到那不勒斯最神秘的地方——地下城。这处地下城据说已经有千年历史，最初是古罗马时期的采石场，同时也是那不勒斯地下供水中心，有各种设施，甚至还有一座露天剧院。目前地下城所开放的部分只有三分之一，还有更多的秘密等着人们去探寻。

Tips
🏠 Piazza San Gaetano 68　🚇 乘地铁FS线在 Piazza Cavour 站下　☎ 081-296944　💴 9.5 欧元

08 那不勒斯大教堂 90分!

● ● ● 收藏有圣人血液的教堂　　★★★★★ 赏

那不勒斯大教堂是1272年由当时的安茹伯爵家族的查尔斯一世下令修建的。教堂拥有宽阔的中堂——华贵的天顶，因为收藏着4世纪时的殉教者、那不勒斯的主保圣人兼保护人圣真纳罗的遗体而闻名。值得一提的是在这里有一间为圣人而修的礼拜堂，里面存放着一小瓶圣人的血，一年中人们会将血瓶取出三次，带去大街上游行，祈求城市的平安。

Tips
🚇 乘地铁FS线在Piazza Cavour 站下　☎ 081-449097

09 国立那不勒斯考古博物馆
南部意大利最大的博物馆 ★★★★ 赏

国立那不勒斯考古博物馆是南部意大利最大的博物馆，收藏的古罗马和古希腊的各种文物在意大利堪称一绝，其中很大一部分都是从庞贝、赫库兰尼姆这样的古城遗迹中发掘出来的。这些精美的文物占据了这里40多个展室的15个展室，其中《雅典娜》、《掷标枪者》等雕塑是这里的镇馆之宝。

Tips
 Piazza Museo Nazionale 19 乘地铁在 Piazza Cavour 站下 081-4422149 ¥ 6.5 欧元

10 米格勒古老比萨屋
比萨饼诞生地的古老口味 ★★★★ 吃

说起比萨饼，很多人都会以为它发源自比萨，但事实上，这种风靡全世界的食品却是那不勒斯人发明的。这家米格勒古老比萨屋据说就是那不勒斯最古老的比萨店，店里的比萨总共只有两种口味：普通型和双份奶酪型，别看它品种少，吃到嘴里的那种感觉却让人难忘，薄、软、黏的口感和别处的比萨大不相同。

Tips
 Via Cesare Sersale 1-3-5-7 081-5539204

11 圣卢西亚港
那不勒斯风光最集中的地方 ★★★★★ 赏

圣卢西亚港是那不勒斯风光最集中的地方，著名的民歌《桑塔露琪亚》所唱的就是这里的美景。一条2公里长的海滨大道横穿整个港区，大道两侧最引人注目的当数市立公园，这里有花坛、喷泉和雕塑，所有景色都掩映在浓密的绿荫之中，园内设有动物中心，里面有欧洲最古老的水族馆。漫步在圣卢西亚港还能看到渔民们在修补小船和渔网，呈现一派和谐的生活景象。

Tips
 Porto Saint Lucia 在中央车站搭乘R2巴士在Pza.Trieste e Trento站下

意大利攻略 那不勒斯

12 圣艾尔莫城堡
那不勒斯曾经的防御要塞　　★★★★ 赏

圣艾尔莫城堡和圣马蒂诺博物馆相邻，位于那不勒斯城的最高处，从这里可以俯瞰那不勒斯城内的美丽风景。中世纪时期这里是那不勒斯重要的防御要塞，整座城堡外观呈星形，不过这可不是为了美观，而是一种十分常用的防御措施。城堡里摆放着当年使用的大炮等设施，依稀还能感受到当年的金戈铁马。

Tips
- Via Tito Angelini 20
- 乘地铁FS线在Montesanto站下
- 081-2294589
- 3欧元

13 圣马蒂诺博物馆
展示那不勒斯的古老文物　　★★★★ 赏

圣马蒂诺博物馆坐落于那不勒斯的圣卢西亚区，这是一座修建于14世纪的巴洛克式建筑，最初是一座笛卡儿教派的修道院。如今这里收藏着很多那不勒斯古老的文物，如向人们展示的耶稣诞生的实景以及圣诞马槽等。原本的修道院遗址也完好地保留着，也是人们参观的一大热点。

Tips
- Largo San Martion 5
- 在Montesanto站乘缆车上山
- 081-2294589

14 圣奇拉教堂
巴洛克风格的教堂　　★★★★ 赏

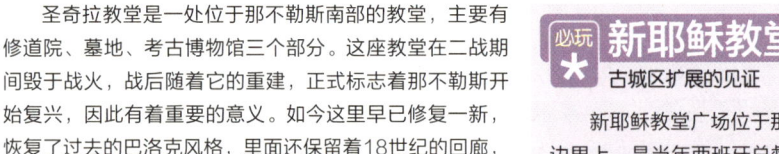

圣奇拉教堂是一处位于那不勒斯南部的教堂，主要有修道院、墓地、考古博物馆三个部分。这座教堂在二战期间毁于战火，战后随着它的重建，正式标志着那不勒斯开始复兴，因此有着重要的意义。如今这里早已修复一新，恢复了过去的巴洛克风格，里面还保留着18世纪的回廊，很具艺术价值。

Tips
- Via Santa Chiara 49/C
- 乘地铁FS线在Piazza Cavour站下
- 081-5516673
- 5欧元

★必玩 新耶稣教堂广场
古城区扩展的见证

新耶稣教堂广场位于那不勒斯古城区的西部边界上，是当年西班牙总督统治时期城区向西扩展的结果。广场上主要有新耶稣教堂、圣奇拉教堂和无玷圣母尖顶等建筑，是一处具有浓厚宗教韵味的广场。

15 卡波迪蒙美术馆
世界上最美的美术馆

卡波迪蒙美术馆位于那不勒斯的卡波迪蒙山上，号称是世界上最美的美术馆。这里曾经是波旁王朝的王宫，四周是美丽的花园。美术馆里面则珍藏有绘画、瓷器、壁毯、兵器、盔甲和金银器等，其中绘画包括了从13到17世纪很多意大利伟大画家的作品。此外，这里还展示有18世纪当地产出的各种优质瓷器，这些瓷器大量采用镶金和多彩釉制成，十分华丽，展现了当时欧洲制瓷的最高水平。

Tips
Via Miano 2　乘M4或515号巴士在Porta Piccola站下　081-7499111　7.5欧元

16 那不勒斯蛋堡
那不勒斯最古老的城堡

Tips
Borgo Marinaro　081-415002

蛋堡是那不勒斯最古老的城堡，它位于Megarides岛上，自古以来就是那不勒斯的海上要塞，最早可以追溯到古罗马帝国时期。现在的堡垒则复建于文艺复兴的15世纪。这座城堡见证了那不勒斯的风风雨雨，西罗马帝国最后一任皇帝罗慕洛斯曾被流放于此，诺曼王朝、神圣罗马帝国、法国以及西班牙的多个家族也都曾经拥有过这里，因此这里的建筑风格融合多个流派的特色，拥有保障防御功能的同时又兼具观赏价值。相传这个城堡内藏有一个神奇的彩蛋，据称它是由古罗马诗人维吉尔埋在地基内的，并预言鸡蛋破裂的时刻便是那不勒斯的末日，有趣的是，从未有人发现过这个彩蛋。坐落在海边的蛋堡四周风景极为优美，海浪轻轻拍打着斑驳的城墙，引人遐想的情景延续了千年之久，在这里很适合体会那逝去的古老时光。站在海边，看着无边无际的大海与点缀其间的白帆，海天之间就是一幅淡雅的水彩画。这里又是一个充满浪漫氛围的场所，常有情侣在此约会。

意大利
攻略HOW

Part.14 热那亚

历史悠久的热那亚是著名的旅游胜地，热那亚港更是从古罗马帝国时期沿用至今的世界著名港口，加里波第大道则堪称露天建筑博物馆，沿街林立着众多不同时代的华美建筑。

意大利攻略　热那亚

热那亚 特别看点!

第1名!
热那亚君王宫!
100分!

第2名!
热那亚王宫!
90分!

第3名!
加里波第大道!
75分!

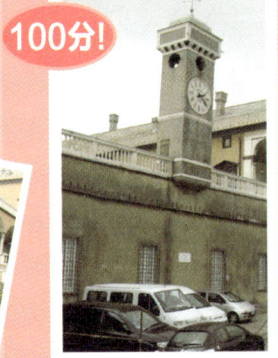

★ 热那亚最具魅力中世纪宫殿建筑，最华美的宫殿式建筑群！

★ 文艺复兴时期的著名建筑，热情奔放的意大利特色装饰！

★ 热那亚著名的旅游街，以意大利民族英雄名字命名的大街！

01 热那亚君王宫　100分!
热那亚最具魅力的中世纪宫殿建筑　★★★★★ 赏

热那亚君王宫修建于15世纪，是当时该地区的统治家族的王宫，因此这组建筑群既有华贵典雅的风范，又有雄伟壮观的气势。这组建筑融合多个建筑艺术流派的精髓，高大的哥特式尖塔、华丽的巴洛克式圆顶、简洁大方的希腊式圆柱，在这里都能看到。热那亚君王宫还收藏了许多珍贵的艺术品，它们都具有很高的欣赏价值。

Tips
📍 Piazza del Principe 4　☎ 010-25550917

188

02 加里波第大道 75分！ 逛
热那亚著名的旅游街

加里波第大道是为纪念意大利民族英雄加里波第，而以英雄的名字命名的道路，集旅游、休闲、购物等多功能于一体，是热那亚著名的旅游景点之一。漫步在这条道路上的游客们可以看到不同时代的经典建筑物，它们的风格各不相同，但都是建筑艺术的代表作。加里波第大道还是热那亚著名的美食街，游人们可以在这里品尝各种意大利美食。

Tips
红宫:Via Garibaldi 18；白宫:Via Garibaldi 11；史宾诺拉宫:Piazza Pelliceria 1　红宫:010-2476351；白宫:010-5572013；史宾诺拉宫:010-2705300　红宫:周二、周四与周五9:00—13:00，周三与周六9:00—19:00，周日10:00—18:00；白宫:周二、周四与周五9:00—13:00，周三与周六9:00—19:00，周日10:00—18:00；史宾诺拉宫:周二至周六9:00—19:00，周日14:00—19:00

必玩 01 宫殿和艺术馆中心
热那亚的公共艺术馆

建造于17世纪的宫殿和艺术馆中心具有典雅大方的建筑风格，原本属于Brignole Sale家族，在19世纪被捐献出来，成为当地著名的艺术展馆。

必玩 02 比安科宫
绰号为"白宫"的博物馆

比安科宫是一栋16世纪的建筑物，有着鲜明的文艺复兴式风格，因其墙壁为白色，而被当地人称为"白宫"。这里现在是一个公共艺术馆，里面陈列着很多精美的艺术品。

03 热那亚王宫 90分！ 赏
文艺复兴时期的著名建筑

Tips
Via Balbi 10　010-27101

热那亚王宫是著名的古典建筑，它是一组华美的文艺复兴式建筑群，是游人们来到热那亚不可错过的景点。这座建筑既有高大的尖塔式门楼，又有各种精美的装饰，室内还悬挂着不同时期的艺术作品，它们具有很高的欣赏价值。热那亚王宫的阁楼上鲜花盛开，芳香四溢，被誉为"空中花园"。

意大利攻略　热那亚

04 热那亚圣洛伦佐教堂

●●● 热那亚地区的宗教中心 ★★★★★ 赏

历史悠久的圣洛伦佐教堂是热那亚地区的主教堂。这座建于11世纪末的大教堂位于热那亚的市中心，也是老城的标志性建筑之一。几经修整重建，现在看到的这座教堂的哥特风格是14世纪时所遗留下来的。教堂的外观以黑白两色为主，从浮雕累累的大门及玻璃彩窗的设计上可以看到鲜明的法国宗教建筑的痕迹。教堂内部仍保持着古老的罗马风格：半圆的拱状天花板具有庄严的神圣色彩，坚固的大理石柱是这里的支点，一幅幅精美的壁画环绕其间，给这里增添了无限光彩。教堂内还有华丽的浮雕，这些充满了宗教艺术美感的作品具有极强的感染力。

必玩 ★ 圣洛伦佐地下博物馆

著名的基督教博物馆

圣洛伦佐地下博物馆收藏了基督教不同时期的艺术品和纪念品，具有很高的欣赏价值和文物价值，其中以神圣的罗马帝国皇帝红胡子腓特烈一世所用过的物品最为珍贵。这座大教堂还有着神奇的色彩："二战"时，这里曾被英国军舰炮轰，但由于水兵的失误，打到主殿的炮弹因为没有导火索并未爆炸。

Tips
Via T.Reggio 17　010-865786　周一至周六9:00—12:00、15:00—18:00，周日休息

05 法拉利广场

●●● 人潮涌动的繁华广场 ★★★★★ 逛

法拉利广场是热那亚最为繁华的地方，也是这个城市的中心广场。漫步在广场上，环顾四周，可以看到这里遍布着众多不同风格的建筑艺术佳作，其中比较著名的有古典风格的圣洛伦佐教堂、耶稣教堂、热那亚总督府等景点，其他现代化的高楼大厦则与它们交相辉映，令人赞叹不已。

必玩 02 耶稣教堂
典雅的宗教建筑

耶稣教堂建于1597年，是法拉利广场上最具吸引力的景点之一。它看似平淡无奇，但教堂内部收藏着两幅鲁本斯的名画，因此吸引了众多艺术爱好者的目光。

Tips
Piazza De Ferrari

必玩 01 热那亚总督府
华美的中世纪建筑

热那亚总督府建于14世纪初，一直是这一地区的政治中心，后来被辟为综合性展馆，向公众开放。来到这里除了能看到精美的艺术品，还能看到热那亚历任总督的画像。

06 五渔村
各具特色的五处景区 ★★★★ 逛

五渔村是拉斯佩齐亚沿海五个风景优美的小镇的统称，拥有人文与自然景观完美结合的风景，是意大利著名的旅游胜地。这里拥有碧澈的海水与奇巧的险峰，如诗如画的醉人之美让每一位来到这里的游客都获得了美好的体验。五渔村的美丽风景各有不同，位于海边的蒙特罗梭的沙滩柔软平缓，是享受日光浴和畅游大海的好地方；镇中心的博物馆内还藏有名家的作品；韦尔纳扎是以富有特色的家庭餐厅而出名的，这里的餐厅都是露天的，游客可以一边品尝意大利美食，一边远望无边无际的大海；科尔尼利亚的葡萄园遮天蔽日，来到这里可以品尝各种与葡萄有关的美食；马纳罗拉的房屋建筑极具特色，是色彩斑斓的世界；里奥马焦雷最出名的当属悬崖上的那条"爱之路"，一边是布满奇妙彩绘的涂鸦墙，另一边则是陡峭的悬崖，可以俯瞰惊涛拍岸的蔚蓝色大海。

Tips
🏠 Località Pie' di Legnaro, 19015 Levanto La Spezia 🚇 热那亚君王广场或布里纽雷火车站乘火车在蒙特罗梭站下 ☎ 0187-801252

07 热那亚港口
充满现代化气息的古老港口 ★★★★ 赏

热那亚港口是全球最为古老的港口之一，它建于古罗马帝国时代，迄今已有2000多年的历史。漫步在港口的岸边可以看到这里的独特风情，旧时的各种遗迹与现代化的设施并存，有着独特的时空交错的美感。"彼格"是热那亚港口地标式建筑，游客们可以乘电梯到其顶部俯瞰波澜壮阔的大海，欣赏热那亚优雅的城市风情。

Tips
🏠 Via De Marini, 53, 16149 Genova ☎ 010-462635

意大利攻略 热那亚

191

意大利
攻略HOW

Part.15 西西里

历史悠久的西西里岛是地中海上最大的岛屿，岛上四季如春，风光旖旎，自古以来就是意大利乃至地中海著名的度假观光胜地。

西西里 特别看点！

第1名！ 巴勒莫诺曼王宫！ 100分！
★ 混搭风格建筑的典范，金碧辉煌的礼拜堂！

第2名！ 阿格里真托！ 90分！
★ 人间最美的城市，大量的古希腊神殿遗迹！

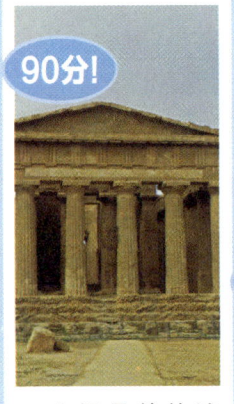

第3名！ 尼阿波利考古公园！ 75分！
★ 锡拉库萨最大的古代遗迹群落，荒凉的古代风情！

01 巴勒莫诺曼王宫 100分！
混搭风格建筑的典范 ★★★★★ 赏

巴勒莫诺曼王宫位于艾曼纽尔大街上，这座宫殿是阿拉伯人占领时期所建，1200多年来先后被拜占庭、诺曼、阿拉伯等地的风格所浸染，成为混搭风格的典范建筑，在世界建筑史上占有重要的地位。如今这里是西西里大区议会办公开会的场所，依然是巴勒莫重要的政治中心。

Tips
🏛 Piazza Indipendenza 1 ☎ 091-591105 ¥ 7欧元

必玩 ★ 帕拉提娜礼拜堂
金碧辉煌的礼拜堂

帕拉提娜礼拜堂位于诺曼王宫的二楼，虽然从外观看这里并不大，但是里面金碧辉煌的装饰足以让人眼花缭乱。在这里可以看到各种精美的壁画和贴金的装饰，在教堂内明亮的灯光映衬下显得分外耀眼。

02 巴勒莫大教堂

- - - 西西里岛上最大、最重要的教堂　　★★★★ 赏

巴勒莫大教堂是西西里岛上最大、最重要的教堂，由一个宏伟的建筑群组成，其内的楼宇具有不同建筑风格的特点。这座教堂最早是作为一座伊斯兰教的清真寺而存在的，它的修建时间已经无从查起，11世纪末它被改造为一座教堂，浩大的工程直到18世纪才彻底结束。这座教堂的主体风格是巴洛克式，大门上方的屋檐具有加泰罗尼亚的独特风格，而周围那些繁复的花纹则烘托出这里的卓尔不凡；教堂占地面积庞大，内部拥有多条交错纵横的巷道，它们的上方是用彩色瓷砖覆盖的圆顶，房屋内木质的天花板上雕刻着精美的壁画；教堂内安放着装有腓特烈二世皇帝尸骨的石棺，其后方还放有著名的罗杰二世等诸多政要显贵的石棺；教堂内部还珍藏着巴勒莫的守护神——圣罗萨莉娅所用过的物品和银龛，以及以弗朗西斯·维维安鲁沃格为首的众多天主教徒所使用过的小教堂，这些教堂的内部都保持着使用者所在时的原貌；教堂的主殿内还有加泰罗尼亚—哥特式风格的木质合唱团雕塑，以及珍贵的圣水。

Tips
📍 Via Vittorio Emanuele　🕐 周一至周六7:00—19:00，周日及节假日7:30—13:30、16:00—19:00

03 喜舍圣乔凡尼教堂

- - - 具有东方风格的教堂　★★★★ 赏

喜舍圣乔凡尼教堂位于诺曼王宫旁，建于公元6世纪。当穆斯林占领西西里岛时，这里被改建成了清真寺。12世纪诺曼人在意大利南部确立了统治之后，这里又重新被改建成教堂。正因为有这多舛的命运，这里浓缩了阿拉伯和诺曼两种建筑风格，有人形容它"即使是放在大马士革或是巴格达也毫无问题"。

Tips
📍 Via dei Benedettini 3　☎ 091-6515019　💴 6欧元

04 拉马尔特拉纳教堂

- - - 华丽精细的马赛克镶嵌画　★★★★ 赏

拉马尔特拉纳教堂位于巴勒莫圣卡塔尔德教堂附近，这座教堂建成于12世纪，其中最出名的当数教堂内的马赛克镶嵌画，这些镶嵌画制作十分精细，有点类似于威尼斯的圣马可大教堂。教堂内大部分是拜占庭风格的装饰，只有一少部分是巴洛克风格的，这种混搭起来的效果更使得教堂具有独特的美。

Tips
📍 Piazza Bellini 3　☎ 091-6161692

05 圣卡塔尔德教堂
●●● 著名的红色阿拉伯大圆顶 ★★★★ 赏

圣卡塔尔德教堂就位于拉马尔特拉纳教堂一侧，也是建于12世纪。和旁边的拉马尔特拉纳教堂华丽的拜占庭风格相比，这里则是典型的诺曼式建筑，三个红色阿拉伯式大圆顶矗立在教堂顶部，十分显眼。教堂内部也没有过多的修饰，天顶显得很宽阔通透，更使这里显出庄严肃穆的氛围。

Tips
🏠 Piazza Bellini 2　☎ 091-6161692　¥ 2欧元

06 维契里亚市场
●●● 巴勒莫最著名的露天集市 ★★★★ 逛

维契里亚市场是巴勒莫最著名的露天集市，这里除了周日外全天营业。"维契里亚"在西西里语中是"混乱"的意思，以此形容各种叫卖声和长长的顾客队伍，可见这里的热闹程度。如今这里还出售各种肉类、蔬菜、水果、衣服、饰品等，那富有西西里特色的叫卖声也依然清晰可闻，是体验巴勒莫人日常生活的最好去处。

Tips
🏠 Piazza della Concordia

07 西西里地方美术馆
●●● 西西里岛最大的美术馆 ★★★★ 赏

西西里地方美术馆是整个西西里岛最大的美术馆，这座美术馆建于15世纪的阿伯特里斯宫内，收藏着来自整个西西里岛的各种精美艺术品。其中有一幅题为《死之凯旋》的工笔画最为有名，这幅画创作于15世纪，虽然不知道作者是谁，但是画工精湛，堪称同类作品中的佼佼者。此外，这里还收藏了西西里画家默西那的四幅代表作。

Tips
🏠 Via Alloro 4　☎ 091-6230000　¥ 8欧元

意大利攻略 — 西西里

08 巴勒莫四拐角

巴勒莫最为热闹繁华的地段之一 ★★★★ 赏

Tips
- 位于Via Maqueda与Corso Vittorio处

四拐角位于巴勒莫老城的中心地带，这里是两条主干道交会的地方，自古以来就是巴勒莫最为热闹繁华的地段，隐藏着该城最具魅力的景点。东西向的马奎达大街与南北向的艾曼纽尔大街将这里分为4片区域，这里的每片区域内都有一栋优雅的巴洛克式建筑，它们各具特色又相互呼应，是这里的标志性建筑。这些建筑的前方都有一座独特的巴洛克式雕像喷泉，每座雕像都是精心雕刻而成的，它们都与后方的主建筑在意境上相互联系，是四拐角最大的看点。这些主建筑具有鲜明的巴洛克式风格，高大坚固的门柱支撑着屋檐，又仿佛护卫着朴实的大门，大门上方有奇妙的图案。门厅上方的墙壁上雕刻着各有特点的人像，他们都是出自基督教神话中的人物，全身上下布满了圣洁的光辉。这里还到处绘着繁复的花纹，充满了独特的艺术想象力。四拐角还有众多出售当地特产的商店和意大利风味的饭店。

09 王室山

巴勒莫著名的宗教建筑群 ★★★★ 逛

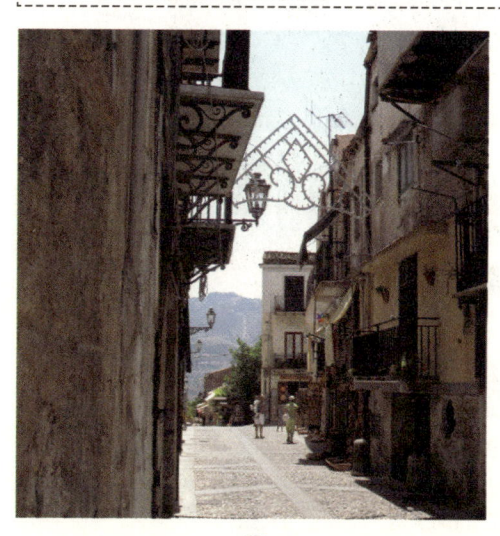

王室山位于巴勒莫西南，这里是从一个小小的教会慢慢发展起来的，如今位于这里的王室山主教堂更是成为意大利最著名的教堂之一。这座教堂可以说是诺曼式建筑的集大成者，将古老的诺曼风格和拜占庭风格很好地融合在一起。而前后长达11年的修建时间也使得这里历经了精雕细琢，内部遍布着金光闪闪的马赛克，形成42幅精美的镶嵌画，都是以圣经内容为主的。此外，一小部分巴洛克风格的浮雕也为这里增色不少。

Tips
- 巴勒莫西南　091-6404413

意大利攻略　西西里

197

10 马西莫剧院

意大利最大的歌剧院

马西莫剧院位于巴勒莫的威尔第广场上，这里是意大利最大的歌剧院，也是欧洲仅次于巴黎歌剧院和维也纳国家歌剧院的第三大歌剧院。这家歌剧院的建筑灵感来自于巴勒莫各地的古代建筑，外部采用新古典主义风格，融入了希腊神庙元素。剧院内可容纳1350人，7层观众席呈马蹄形围绕着舞台，出色的音响效果让人在任何一个位置都能听得清清楚楚，可以让人们尽情地享受音乐的乐趣。

Tips
Piazza Giuseppe Verdi 091-6053555

11 蒙黛罗

西西里岛最美的海湾

Tips
Piazza Sturzo乘806号公共汽车可到

蒙黛罗位于西西里岛北部，距离巴勒莫不远。这里是西西里岛上最美的一处海湾。这里海水干净湛蓝，海中点缀着点点白帆，海湾四周还坐落着许多别墅式风格的小酒店和度假公寓，是度假休闲的好地方。海滩背后则是怪石嶙峋的悬崖峭壁，上面生长着很多仙人掌、棕榈树等热带植物，让人涌起一种探险的欲望。

12 阿格里真托 `90分!`

••• 人间最美的城市　★★★★★ 逛

阿格里真托位于西西里岛南岸，自公元6世纪开始就已经是一座著名的城市了，曾先后被迦太基人、罗马人、拜占庭人和阿拉伯人所统治，留下了很多当时的遗迹。如今这里依然保持着古老的生活节奏，到处是传统的房屋建筑，还有不少只剩下残垣断壁的神庙遗址，已经很难看出这里曾经被人们誉为"人间最美的城市"。

Tips
- 在巴勒莫乘Cuffaro巴士在阿格里真托站下
- 800-236837（游客服务中心）

意大利攻略 | 西西里

13 尼阿波利考古公园

锡拉库萨最大的古代遗迹群落

75分！

★★★★★

Tips
- Via S.Sebastiano 43
- 锡拉库萨火车站步行即可到
- 0931-481200

尼阿波利考古公园是锡拉库萨最大的古代遗迹群落。走进公园，满眼都是荒草萋萋的古代遗址，有椭圆形的古罗马竞技场，有只剩下一片白色大理石的希腊剧场。不过这里最著名的还是要数古代采石场，这里有一处被称作"狄奥尼索斯之耳"的人工洞穴，在洞里发出任何声音都会被扩大好多倍，十分神奇有趣。除此之外，公园附近还有不少出售当地传统纪念品的小店，显得很是热闹。

必玩 01 考古学博物馆
了解西西里岛的历史

考古博物馆是全面了解西西里岛历史的最佳去处，在这里能看到各种古希腊风格的青铜器、石棺、陶器等等，尤其是塞利努特神庙出土的古希腊艺术品和锡拉库萨出土的青铜器"羊像"最为著名。

必玩 02 神殿谷
大量的古希腊神殿遗迹

神殿谷是阿格里真托最著名的景观，围绕着一座小山丘建有大量的古希腊式神殿，其中协和神殿是这里规模最大、保存最为完好的一座。形制类似希腊的帕特农神庙，四周立有很多高大的石柱，十分壮观。

意大利攻略 西西里

14 圣乔凡尼教堂墓窖
罗马基督教的圣地之一 ★★★★ 赏

Tips
- 锡拉库萨火车站步行20分钟可到
- ☎ 0931-64694
- ￥ 3.5欧元

圣乔凡尼教堂墓窖始建于拜占庭帝国时期，传说其旧址曾经是3世纪时的圣人St.Marcian殉教后下葬的地方，是基督教世界的圣地之一。在圣乔凡尼教堂墓窖内，现今依旧安放着上千具骸骨，此外还有不同年代的壁画和原始符号。

15 保罗·欧西考古学博物馆
锡拉库萨最重要的博物馆 ★★★★★ 赏

保罗·欧西考古学博物馆是锡拉库萨最重要的博物馆，这里收藏着从旧石器时代直到拜占庭时期的很多艺术珍品和文物，其中囊括了花瓶、硬币、骨头、祭祀用品、人物半身像、雕刻以及锡拉库萨各个神庙的碎片等，是锡拉库萨悠久的古代历史的真实反映。想要全面了解锡拉库萨的历史，来这里是最好不过了。

Tips
- Villa Landolina
- 锡拉库萨火车站步行15分钟可到
- ☎ 0931-464022
- ￥ 6欧元

意大利攻略 西西里

16 流泪圣母教堂
● ● ● 造型前卫的教堂 ★★★★ 赏

位于锡拉库萨的流泪圣母教堂和意大利其他地方的教堂截然不同,这座教堂的造型前卫到让人惊叹。它的外观就好像一顶没打开的帐篷,所有的线条都汇集到最高处的十字架上,象征着教徒们的心声可以传达到天上。教堂内有一尊圣母像,据说1953年的时候这尊圣母像曾经流出过眼泪,让当地人引以为神迹。这里除了白色的大理石碑外就没有其他的装饰了,不过也正好凸显出一种朴素自然的美感。

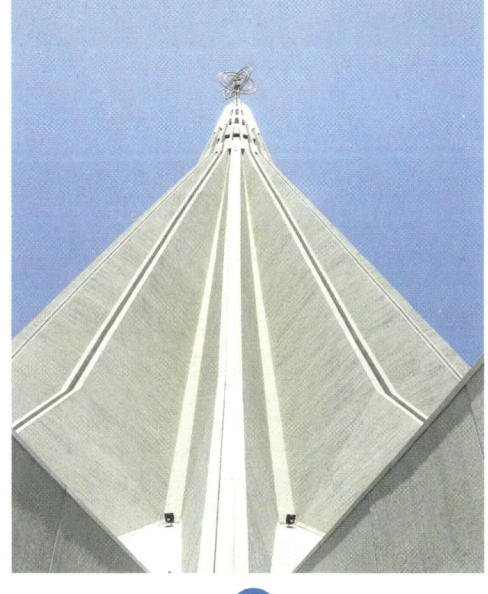

Tips
🚆 锡拉库萨火车站步行15分钟可到　☎ 0931-21446

17 阿波罗神殿

古希腊建筑的遗迹 ★★★★ 赏

Tips
锡拉库萨火车站步行15分钟可到

锡拉库萨是由希腊人所修建的城市，因此祭祀太阳神阿波罗的神殿自然就成为这里必不可少的建筑。这座神殿是仿造希腊的德尔斐阿波罗神殿而建，始建于公元前6世纪，如今这里仅剩下残存的墙体和柱础等，依稀可以从中看出当年宏大的规模。漫步在这残垣断壁之间，一种忧伤的怀古之情涌来，让人不由得感叹沧海桑田的变化。

意大利攻略 西西里

203

18 阿基米德广场

以著名科学家名字命名的广场

★★★★★ 逛

锡拉库萨是古希腊著名的科学家阿基米德的故乡，而以他的名字命名的阿基米德广场则是锡拉库萨古城区重要的交通枢纽。但是，在广场正中的却不是阿基米德的雕塑，而是一座纪念月神阿尔忒弥斯的喷泉，这让人颇感意外。这座喷泉中心的阿尔忒弥斯雕像身背弓箭，目视下方，四周还有不少小型雕塑围绕，虽然规模并不大，但是却有一种简约精致的美。

Tips

🏛 Piazza Archimede 🚉 锡拉库萨火车站步行15分钟可到

19 锡拉库萨主教堂

由古希腊神殿改建的教堂

★★★★★ 赏

Tips
🏛 Piazza del Duomo 🚶 锡拉库萨火车站步行20分钟可到 ☎ 0931-65328

锡拉库萨主教堂是公元7世纪时，在古代雅典娜神殿的基础上改建而来的，这座教堂在很多方面沿用了原来雅典娜神殿的材料，比如这里的柱廊就是直接照搬过来的。最初这里的正面是拜占庭风格，但是因为地震而损坏，后来改建为巴洛克风格，如今在这里依然可以看到细微的变化。白色大理石的表面和各种精美的雕塑是这座教堂最大的特点，虽然规模没有别处"主教堂"那么大，但是其精致的风格却有过之而无不及。

20 锡拉库萨主教堂广场

锡拉库萨古城的标志景点

★★★★ 赏

锡拉库萨主教堂广场是这座历史悠久的城市最重要的旅游景区之一，附近拥有古希腊、古罗马、阿拉伯、诺曼、西班牙等不同时期、不同风格的建筑。这里的标志性建筑是锡拉库萨主教堂，是由古希腊雅典娜神庙废墟上的清真寺改建而来，是一座把巴洛克式的华贵美学发挥到了极致的富丽堂皇的建筑。教堂前方的台阶两侧塑有雕像，它们站立在石柱上；大门有两层，上下各6根巨大的罗马式石柱，第二层的两侧同样塑有雕像；大教堂的内部左侧通道旁还有西西里岛上第一座教堂的遗迹。空旷的广场四周有出售锡拉库萨当地特产的小摊，在这里可以购买到许多大商店都没有的有趣物品。锡拉库萨主教堂广场四周还有许多各有特色的建筑，它们都是不同年代的精品，每栋都有自己的传说与故事。广场上还有独特的古希腊雕塑，银白色的材质充分地展示了古希腊人对力与美的看法，那充满阳刚之气的躯体更是极具魅力的存在。

Tips
🏛 Piazza del Duomo

意大利攻略 西西里

205

21 阿蕾杜莎之泉
传说中仙女变化而成的水池 ★★★ 赏

阿蕾杜莎之泉位于锡拉库萨东部沿海地区。这是一片漂亮的淡水池塘，传说这里是希腊神话中月神阿尔忒弥斯的侍女阿蕾杜莎为了躲避追求者变化而成的，这片水域也正如一个美丽的少女一般，池塘里面水草丰茂，经常有各种水鸟在这里嬉戏。池水清澈见底，四面绿树成荫，是城市之中一处能让人静心陶醉的休闲胜地。

Tips
🚇 锡拉库萨火车站步行25分钟可到

22 翁贝托一世大道
陶米拉最重要的主干道 ★★★★★ 逛

Tips
📍 Corso Umberto I

翁贝托一世大道是陶米拉最重要的主干道，它东起墨西拿门，西到卡塔尼亚门，连通着这座小城几乎所有的主要景点。虽然走完这条大街只需要半个小时左右，但是人们在这里可以观赏富有欧洲传统韵味的建筑，品尝各种西西里岛的传统小吃，购买各色纪念品，旅程相当充实，一点都不会感觉到累。

必玩 01 古钟楼
高耸入云的哥特式钟楼

古钟楼位于陶米拉主教堂广场附近。这座钟楼是一座哥特式建筑，建于12世纪，高耸入云的尖顶引人注目。在陶米拉各处都能看到这座钟楼，可以说是这座小城的标志。

必玩 02 主教堂广场
陶米拉的地标

主教堂广场位于陶米拉大教堂附近。这座广场上最著名的当数"大象喷泉"，在喷泉中矗立着一座用黑色火山岩制成的黑黢黢的大象雕塑，和同在喷泉中间的埃及式尖塔相映成趣，是陶米拉的地标之一。

23 古希腊剧场
●●● 位于悬崖峭壁上的剧场 ★★★★ 赏

古希腊剧场是陶米拉最著名的景点，这座建于悬崖峭壁之上的剧场是古罗马人在希腊剧场的遗址上兴建而成的，距今已经有2300多年的历史。远远望去，这座马蹄形的剧场就好像浮在空中的一个大碗。而站在剧场中向四周望去，一种居于海天之中的畅快感觉油然而生，可以想象当年在这里表演的演员们是怎样一种壮志豪情。

Tips
Via Teatro Greco 0942-23220 ¥6欧元

24 美丽之岛
●●● 陶米拉最美丽的看海之处 ★★★★ 玩

美丽之岛是陶米拉海湾内的一座小岛，它通过一条狭窄的沙路和陶米拉市内相连。这里是陶米拉最好的度假胜地，岛上有沙滩绿树，有高级的饭店旅馆。这里的酒店大部分都拥有临海阳台，可以远眺美丽的蔚蓝海景。游人们也可以闲坐在海岸旁，和大海做零距离的亲密接触。

Tips
Isola Bella 陶米拉旧城区乘缆车可到

意大利攻略 西西里

意大利
攻略HOW

Part.16
意大利其他

　　意大利是欧洲文化的摇篮，孕育了罗马文化及伊特拉斯坎文明。现在，意大利共拥有48个联合国教科文组织世界遗产，是世界上拥有世界遗产最多的国家。意大利还有很多地方值得你去观赏。

意大利其他 特别看点！

意大利攻略 | 意大利其他

第1名！
博洛尼亚阿尔基金纳西奥宫！

100分！

★博洛尼亚大学的一部分，旅游的胜地！

第2名！
博洛尼亚双塔！

90分！

★博洛尼亚的标志性建筑，中世纪贵族家族的象征！

第3名！
赞伯尼大道！

75分！

★博洛尼亚最具观光价值的街道之一！

---

01 博洛尼亚阿尔基金纳西奥宫 100分！
● ● ● 博洛尼亚大学的一部分 ★★★★★ 赏

建造于16世纪的阿尔基金纳西奥宫是由罗马教廷主持修建的哥特式建筑，后划入著名的博洛尼亚大学，现在则是著名的旅游胜地。这里是公认的欧洲第一所大学，原医务解剖示范室是这里最知名的景点；这里还有世界上最早的阶梯教室，在教育史上占有重要地位。来到这里的人们可以坐在层层叠叠的板凳旁，感受中世纪的学生们在这里学习知识的情景。位于中心的石台是由大理石制成的，是当时进行尸体解剖的地方，因此也是医学史上的重要丰碑。一旁那高高的讲台由两座"大力士"木质雕像支撑着，极具戏剧色彩。阿尔基金纳西奥宫内的法学大教室内布满了各种盾形徽章，一个个显赫的家族均在此留下了痕迹。

Tips
📍 Piazza Galvani 1　☎ 051-276811　🕐 周一至周五9:00—18:45，周六9:00—13:45

210

02 博洛尼亚双塔　90分!

博洛尼亚的标志性建筑

Tips

📍 Piazza di Porta Ravegnana　🕐 阿西内利塔:夏天9:00—18:00,冬天9:00—17:00

　　加里森达塔和阿西内利塔这两座高塔是博洛尼的标志性建筑,也是这座古城在中世纪建造的诸多高塔中,保存得比较完好的两座。塔楼是意大利贵族们为了保证自身安全而修建的、集居住于一体的建筑,同时也是家族势力的象征。这两座塔楼是加里森达和阿西内利两个家族为了争夺博洛尼亚的控制权而比赛修建的,急于求成的加里森达家族因没有注重塔基的修建,最终导致高塔倒塌,目前只余下近50米的高度;而阿西内利家族修的塔比较稳固,高97米,是意大利同类建筑中排名第四的高塔。在文学巨匠但丁的《神曲》中也有这两座高塔的身影。走进这两座方形的巨塔,可以看到那些装修豪华的房间和各种用于享乐的器物;而那些作为防御措施的各种武器,则又让人感受到中世纪的贵族们在骄奢淫逸的生活之外所潜伏的危机。登上足有498级石阶的阿西内利塔可以俯瞰博洛尼亚的美丽风光,把亚平宁半岛的大好河山尽收眼底,天地之间浑然一体,此情此景令人沉醉其间。

意大利攻略　意大利其他

211

03 赞伯尼大道　75分！

博洛尼亚最具观光价值的街道之一　★★★★ 赏

Tips

📍 Via Zamboni

历史悠久的赞伯尼大道是为了纪念路易·赞伯尼而得名的，是博洛尼亚最具观光价值的街道之一，两侧遍布着自中世纪以来众多极具观赏价值的建筑物。位于13号的马尔韦齐美第奇宫是著名的美第奇家族的宅邸，华丽的造型和这里发生的一段段传奇故事，让游客们沉浸在往日的辉煌之中。经过久负盛名的马尔瓦西亚宫殿来到麦格纳尼家族在16世纪建造的宫殿，庭院中的大力士雕像造型精美、惟妙惟肖，充满了男性的阳刚之美。坐落在赞伯尼大道33号的波吉宫殿，是一座占地面积庞大的豪华宫殿，后来成为综合性的波吉博物馆。这里的房间中装饰着精美的壁画，还有神话传说中英雄的雕像院中的塔楼中还有一座古老的天文台，早期的天文学家们就在这里观察星体的运行，现在则是天文博物馆。宫殿中的许多房间现在被辟为博物馆，其中最出名的是博洛尼亚大学图书馆，这里收藏着许多颇具价值的肖像画，总计有600多幅。赞伯尼大道上还有圣锡西利亚清唱剧场、博洛尼亚市剧院、圣玛格丽特教堂等景点。

04 圣多明尼哥教堂

● ● ● 圣多明尼哥安息的教堂　　　　　　　　★★★★ 赏

> **Tips**
> 🏠 Piazza San Domenico 13　☎ 051-6400411
> 🕐 7:00—13:00, 15:00—19:30

圣多明尼哥教堂是庄严肃穆的宫殿，建于12世纪，是纪念基督教圣多明尼哥会的创始人——圣多明尼哥的教堂。这座教堂是由一座修道院几经扩建而来的，圣多明尼哥逝世后就埋葬在这里。这座大教堂被分为内外两个部分，以巴洛克风格为主但又包含哥特和中世纪的建筑特征，高耸的阿罗马钟楼建造于13世纪，是大教堂的制高点。教堂内装饰着华美的花纹与雕像，坚固的石柱支持着庞大的穹顶，阳光从高处的彩窗中照射下来，给大殿内渲染出一层神圣感。这座教堂中还珍藏着许多艺术大师的结晶，尤以文艺复兴时期的各种作品居多，其中包括皮萨诺、阿诺尔福·迪坎比奥、达·博洛尼亚、圭多·雷尼、圭尔奇诺和菲利皮诺等人的作品，最珍贵的当属米开朗基罗的杰作。圣多明尼哥的墓室中有着精美的壁画，上面刻绘的是他一生传教行善的事迹。教堂前面的广场是用鹅卵石铺成的，这里是中世纪时代牧师们进行传教的地方。

05 圣斯蒂法诺教堂

● ● ● 神圣庄严的宗教建筑群　　　　　　　　★★★★ 赏

圣斯蒂法诺教堂是博洛尼亚城区中一组庞大的建筑群，在当地又有"七教堂"的美称，这些建造于不同时代的教堂给老城增添了无限光彩。圣斯蒂法诺教堂中历史最为久远的一座是圣彼得罗努斯教堂，它建造于5世纪，由罗马神话中女神艾希斯的神庙改建而来，因此保存了不少基督教的早期

> **Tips**
> 🏠 Piazza Santo Stefano　☎ 051-233256　🕐 周一至周六7:00—12:00、15:30—18:00，周日与节假日7:30—13:00、15:30—18:30

风貌。圣墓教堂也是建造于5世纪；圣十字架教堂则建造于8世纪；圣Vitale教堂同样建造于8世纪；庄严肃穆的皮拉图斯宗教法院建造的具体时间不详；修建于13世纪的圣三一教堂则是圣斯蒂法诺教堂中建造时间最晚的一座，具有鲜明的哥特式风格。

06 帕尔马

美食与艺术闻名的小城

Tips
- 位于博洛尼亚和米兰之间
- 0521-218889（旅游服务中心）
- 从博洛尼亚的中央车站乘火车至帕尔马，下车即达，行程约为1.5小时

小城帕尔马既是艺术之城也是美食之城，文艺复兴之花在这里生长绽放，而波旁王朝的长期统治又给这里带来了不少异国风情。德拉宫皮洛塔广场是帕尔马最具吸引力的地区，帕拉丁图书馆、国家美术馆、考古博物馆、波多尼博物馆、法尔内塞剧院均在这里。这里的美术馆有着宽阔的展厅，沿着设计精巧的现代化步道可以看到不同时期的艺术精品，还有许多令人眼花缭乱的高科技展品。帕尔马的考古博物馆虽然不大，但珍藏着史前、古希腊、伊特鲁里亚、古埃及和古罗马的各种物品，这些不同时代的文物让这座博物馆极具吸引力。历史悠久的雷吉奥剧院是当今世界最为顶尖的歌剧院之一，新古典式建筑的风格极具魅力，室内则拥有华丽的装修，一场场盛大的古典歌剧在这里完美上演。恩尼奥·塔迪尼球场是著名的帕尔马俱乐部的主场，来到这里可以感受足球这一运动的激情与魅力。帕尔马干酪是这里的特产，奶酪博物馆则是介绍这种风味食品的绝佳场所，闻名于世的帕尔马火腿则拥有自己的火腿博物馆。

07 拉文纳

意大利最早的城市之一 ★★★★ 逛

Tips
- 🏠 位于博洛尼亚东南
- ☎ 0544-35404（旅游服务中心）
- 🚄 从博洛尼亚中央车站乘火车约1小时10分钟即达

历史悠久的拉文纳是意大利最早的城市之一，这里风景优美，还有许多古老的拜占庭式建筑。由于曾是西罗马帝国的都城，故这里的建筑古朴、威严，极具魅力，而那些狭窄的小巷则让这里充满了休闲的氛围，骑自行车游览拉文纳市区是绝佳的选择。拉文纳的老城区中有许多教堂，它们拥有独特的马赛克艺术品，被选入了世界文化遗产之中。这些杰作壮观非凡，具有鲜明的罗马晚期色彩，至今还依然闪烁着令人窒息的美丽光芒；教堂内的大理石柱非常坚固，充满了独特的华美之感。有些教堂中还展示有马赛克艺术品的制作过程，让观者无不赞叹古罗马人的聪明与智慧。著名的洗礼池是小城最古老的建筑，这座建于5世纪初的八角形洗礼池装饰着拜占庭和早期基督教风格的物品，也见证了罗马帝国晚期的历史。大诗人但丁的陵墓也在这里的一座风景优美的花园之中。加拉·普拉西第亚的陵墓是欧洲最古老的十字式陵墓，墓室内外装饰华美，令人惊叹不已。

意大利攻略　意大利其他

08 圣马力诺
世界上最小最古老的共和国　　★★★★ 逛

Tips
- 位于佛罗伦萨东部
- 0549-882998（旅游服务中心）
- 从博洛尼亚中央车站乘火车至滨海城市里米利，行程约1小时，再换长途巴士即达，约45分钟车程

　　圣马力诺是世界上最小也最古老的共和国，这个袖珍国家位于蒂塔诺山的山坡上，风景优美，春秋花香，夏季凉爽宜人，冬天白雪皑皑，是世界闻名的旅游休养胜地。圣马力诺所在的山区林木葱茏，掩映在其间的城墙是这个小国的著名美景，其中那3座位于城墙间的高塔是瞭望这里美景的绝佳地点。圣方济各大教堂是此城最古老、最富魅力的建筑物，这座教堂庄严肃穆，正门上方悬石匾，刻着头戴王冠、展翅欲飞的雄鹰雕像，其旁还有一戴冕头像的浮雕，大厅内还有十分精美的木质耶稣雕像。圣马力诺赛道是著名的F1方程式大赛的赛车道，在这里可以感受赛车的轰鸣与风驰电掣的速度。圣马力诺大教堂是这里的又一处古迹，雄伟壮观，令参观者沉浸在神圣的宗教氛围之中。圣马力诺国家博物馆内珍藏着大量珍贵的物品，是了解圣马力诺的历史与文明的绝佳地点，这里发行的各种新颖邮票与古钱币都是极具特色的收藏品。

09 都灵城堡广场
都灵的政治中心和宗教中心　　★★★★★ 赏

Tips
- Piazza Reale
- 011-4361455
- 王宫:周二至周日8:30—19:30，周一休息；女王宫:周二至周日10:00—20:00，周六开放至23:00，周一休息

　　都灵城堡广场是都灵中心区，也是这座城市的政治中心和宗教中心，通往老城区的所有街道都以该广场为起点而向后延伸。这里的标志性建筑当属气势恢弘的撒丁王宫，它被联合国教科文组织评为世界文化遗产，是都灵城的骄傲。它将中世纪城堡建筑的防御功能与巴洛克式的华丽造型融为一体，是建筑艺术中的经典之作。王宫的花园是模仿著名的凡尔赛宫，在保持华丽的法国风格的同时又具有意大利式的浪漫色彩；王宫内的军械库原本是撒丁王国卫队存放武器的地方，现在被辟为武器展览馆，里面收藏着13—20世纪的各种武器装备。

　　历史悠久的都灵大教堂在广场四周众多雄伟的建筑中并不起眼，但它却以拥有珍贵的"耶稣的裹尸布"而扬名天下。久负盛名的皇家剧院坐落在广场的一侧，在那里经常会上演各种精彩的剧目。这座广场也是都灵的球迷们进行集会、庆祝球队胜利的地方。在这里你可以感受足球这世界第一运动所拥有的独特魅力。

216

10 都灵大教堂
存放耶稣裹尸布的圣殿 ★★★★★ 赏

位于都灵老城区内的都灵大教堂历史悠久，虽然不大，但在世界众多的教堂中有着独特的地位。这座教堂建于15世纪末，毗邻雄伟壮观的都灵古罗马竞技场，虽然没有恢弘的气势，但却有着自己独特的平和之感。庄严肃穆的氛围、巴洛克式的外观与华贵的大理石柱烘托出这里独一无二的气质。这座教堂内的"耶稣的裹尸布"是意大利的国宝，在整个基督教世界都是极为珍贵的宝物。这块长4.36米、宽1.1米的白色麻布上带有血污的痕迹，依稀可以分辨出一个瘦削的男性人影，男子双手交叉放在腹部，手和脚的部位还有斑斑血迹，脸上的胡须也是依稀可见，真实而又生动地刻画出耶稣基督受难时的形象。这块裹尸布的真实性自发现以来一直饱受怀疑，但它仍被当做基督教的一个圣物来收藏和尊敬，并广受信徒的膜拜。

Tips
📍 Piazza San Givovanni ☎ 011-4361540 🕐 周一至周五7:00—12:00、15:00—19:00，周日与节假日8:00—12:00

11 安托内利尖塔与国家电影博物馆
风格现代前卫的展厅 ★★★★ 赏

巍峨耸立的安托内利尖塔是都灵的标志性建筑，这座高达160米的巨塔虽然位于狭窄的老城区中，但在19世纪曾一度是全球最高的建筑物。安托内利尖塔原本是宗教建筑物，后来成为意大利的国家复兴博物馆，现在则是都灵著名的旅游景点。来到这里乘坐透明的观光电梯缓缓地登上塔顶，不但可以俯瞰都灵市区的各种美景，还可以远望阿尔卑斯山区的美好风情：白雪皑皑的山巅与褐色的山体、苍翠的山体与漂浮在碧空之中的白云，这五彩缤纷的景象构成了一幅优美的画卷。

意大利国家电影博物馆也在塔内，这座互动式电影馆内滚动播出意大利著名的电影作品，还有其他国家电影名作的选播。这座博物馆内除了有对收藏的影片进行的详尽介绍，还有许多与电影相关的花边趣闻与名人逸事。博物馆内还展出了各种拍摄电影与播放电影的设备，经典影片中的服装、道具等，来到这里游览，人们便可以感受到意大利电影工业发展的辉煌历史。

Tips
📍 Via Montebello 20 ☎ 011-8125658 🕐 周日至周五以及节假日9:00—20:00，周六9:00—23:00

12 瓦伦蒂诺公园

都灵最著名的公园之一

★★★★

玩

Tips

🏠 Il Parco del Valentino

位于都灵市中心的瓦伦蒂诺公园历史悠久，本是纪念圣瓦伦蒂诺的公园，后来成为撒丁公爵的行宫之一，在历史上几经战火的损毁，现在则是都灵最著名的公园。公园位于著名的波河河畔，翁贝托一世大桥与伊莎贝拉公主桥是这里通往市区的必经之路。

掩映在葱茏林木之中的瓦伦蒂诺城堡具有鲜明的法国建筑风格，它呈马蹄形，在4个角各有一个哥特式尖塔，宽阔的庭院内铺砌着大理石路面。这座华丽的城堡是都灵理工大学建筑系的中心建筑，那些进进出出的莘莘学子给这寂静的城堡增添了无限活力。城堡的庭院内还有都灵大学的植物园，那一棵棵或珍稀或奇异的植物又成为公园内一道新的风景线。公园内的中世纪城寨是著名的情景旅游区，在那里可以感受到原汁原味的中世纪都灵人的生活，各种出售手工艺品的小店均位于狭窄巷道内的民宅，给这里带来了独特的感觉。这座公园又是一个极具浪漫氛围的公园——在情人节的发源地感受花前月下的氛围，这种体验是别处无法拥有的。

13 佩鲁贾执政官宫

意大利最庞大的中世纪建筑群之一 ★★★★ 赏

Tips

☏ Piazza IV Novembre ☏ 075-5741257 ⏰ 公证人大厅：9:00—13:00、15:00—19:00，11月至次年2月逢周一休馆；国立翁布里亚艺术馆：9:00—19:00，每个月第一周的周一休馆

佩鲁贾执政官宫是意大利最为庞大的中世纪建筑群之一，建于13世纪末，直到15世纪中期才结束。这座宫殿是当时统治佩鲁贾的地区公社所在地，因而气势雄伟、庄严恢弘，是意大利历史的重要见证者。佩鲁贾执政官宫具有鲜明的哥特式风格，又有意大利建筑的特色；宫殿的外墙布满了各种繁复的花纹与雕饰，其中最引人注目的是代表佩鲁贾城市形象的秃鹫与狮子的图案；技艺大门是宫殿中最具神话色彩的地方，上面的浮雕形象生动、主题鲜明，各种善与美、丑与恶在这里均有体现，来到这里可以获得心灵上的洗涤；"公证人大厅"是过去解决争端的地方，殿堂内的墙壁上悬挂着13世纪的绘画作品；宫殿里的一条条拱廊宽敞深邃，沿此步行可以来到翁布里亚国家艺术馆，这个艺术馆内收藏了翁布里亚大区自13世纪以来众多优秀的艺术作品及当地具有代表性的各种文物。

14 佩鲁贾主教堂

翁布里亚大区主教的驻地 ★★★★★ 赏

Tips

☏ Piazza Dante ☏ 075-5723968 ⏰ 8:30—18:00

佩鲁贾主教堂是翁布里亚大区主教的驻地，它修建于中世纪晚期，是纪念天主教圣人圣洛伦佐的教堂。由于种种原因，这浩大的工程至今尚未完工。这是栋哥特式建筑，但又兼具其他建筑流派的风格，多种风格融合在一起，因而极具观赏价值。大教堂的正门处是典型的哥特式尖顶门，上方耸立的十字架令这里更加威严肃穆，它是为了纪念罗马教皇保罗三世发动的"盐税战争"而竖立的，前方的广场上还立有罗马教皇尤利乌斯三世的铜像。佩鲁贾主教堂左侧的建筑物为红白色的大理石块所覆盖，极具视觉冲击力。教堂内部庄严肃穆，巨大的彩窗在阳光的照射下散发出绚丽的光芒。这座教堂中最著名的景点当属位于礼拜堂内的那幅名画《从十字架上放下的基督》，这幅画作出自名家之手，准确生动地将耶稣去世后的场景用艺术的手法再现出来，悲怆的氛围中又有宗教的神圣之感。这里还有用黄金打造的神龛，里面珍藏着基督教早期祭拜圣母的物品。

15 阿西西

基督教圣人方济各的家乡 ★★★★ 逛

Tips
- 位于佩鲁贾东部
- 从佩鲁贾乘火车，出站后可换乘公交车至位于半山腰的小城

阿西西是基督教圣人方济各的家乡，是意大利著名的宗教旅游景区。这座古老城镇的建筑大都是采用附近山区的玫瑰色石料，至今仍完好地保存着中世纪的各种风貌。阿西西的老城区被城墙所包围，这道坚固的防御工事至今仍保存完好，它是这座小城宁静祥和生活的保障。城区西侧的圣方济各大教堂是阿西西的标志性建筑，它建于13世纪，具有方济各会建筑惯有的朴素外观。但它的内部结构却非常精巧复杂，上下两层建筑让游客从每个角度看感觉都不同；大教堂的装饰是由当时意大利众多的艺术家们精心设计打造的，尤其是位于拱顶上的壁画属于意大利的国宝。这座用于朝拜圣方济各遗体的大教堂是意大利和欧洲艺术、建筑发展的重要里程碑。位于市中心市政厅广场上的那座由古罗马神殿改建的天主教堂的美丽长柱是古罗马建筑艺术的精品。阿西西的古迹众多，圣女齐亚拉教堂、大城堡、小城堡等也都是不可错过的景点。

16 索伦托

令人沉醉的碧海蓝天 ★★★★ 逛

Tips
- 位于意大利南部索伦托半岛北岸
- 在那不勒斯中央车站乘环维苏威线小火车至终点站Sorrento，下车即达

位于意大利南部索伦托半岛北岸的索伦托是那波里海湾中一座风光旖旎的小城。位于海滨峭壁上的索伦托小城四周被橘、柠檬、油橄榄等树丛所围绕，一边是曲折的海湾，一边是蔚蓝的大海。漫步在小城整洁的街道上，可以远眺壮美的维苏威火山和富有魅力的卡普里岛，同时小镇上还有众多14世纪的修道院，大量中世纪的雕刻、绘画艺术，吸引了众多游人来到这里度假观光，是欧洲最负盛名的度假胜地。

17 庞贝古城

被火山摧毁的古城遗迹

★★★★ 赏

> **Tips**
>
> 🏠 位于那不勒斯东侧　🚇 由那不勒斯中央车站乘环维苏威线小火车至庞贝站，下车即达

庞贝是亚平宁半岛西南角上的一座城镇，在古罗马帝国时代这里原本只是普通中等规模的市镇，然而随着维苏威火山的突然喷发，整个城市在一夜之间被彻底掩埋，直到1748年才被人们发现并发掘，从而成为了解和研究古罗马社会生活与文化艺术的重要资料。

古城略呈长方形，四周有城墙环绕，城内街道纵横交错，在古罗马时期曾是有名的"酒色之都"。特别值得一提的是，当大量的壁画被考古工作者发掘后，这些被称作"庞贝壁画"的艺术品很快便对后来欧洲新古典主义产生了极为深远的影响。

18 卡普里岛

意大利著名的旅游疗养胜地

★★★★★ 玩

> **Tips**
>
> 🏠 那不勒斯南部　☎ 081-8370634、8370686、8371524（旅游服务中心）　⛴ 从苏莲托的小码头乘船，需20~30分钟；或从那不勒斯直接乘船过来，约需40分钟

卡普里岛是意大利著名的旅游疗养胜地，这里风景优美，被称为"爱情、梦幻与太阳之岛"。卡普里岛的主要城镇位于山坡之上，游客们可以从港口乘坐缆车前往，一边纵览卡普里岛的各处美景，一边体验以缆车作为交通工具的独特之处。卡普里岛的蓝洞被誉为"世界七大奇景之一"，位于悬崖峭壁下的洞穴散发着奇妙的蓝色光芒，瑰丽无比，游客乘坐小船来到洞中不但可以看到柔和的湛蓝色海水，还能看到神秘莫测的蓝色岩石。除了蓝洞，岛上还有白洞、暗洞、圣人洞、神父洞、奇妙洞、燕贝里洞等诸多洞穴。卡普里岛上还有众多的人文景点，如古罗马皇帝提比略的行宫遗迹和他的墓葬地，以及革命导师列宁和文学家高尔基的故居。岛上的出租车多为敞篷车，可以更加便利地欣赏岛上的各处美景。

乘船环海岛游是这里的经典旅游项目。海岸线上那混杂在一起的悬崖峭壁、洞穴和多岩石的海垛，都是魅力四射的景点。海岛的海滨浴场有着柔软的沙滩和崎岖的礁石，是享受日光浴的好地方。

19 阿玛尔菲海岸

● ● ● 风景优美的海滨旅游区　★★★★ 玩

Tips
- 位于那不勒斯东南部　☎ 089-875067、871107（旅游服务中心）　🚌 在苏莲托的火车站前有专门去往阿玛尔菲海岸的长途巴士

　　阿玛尔菲海岸是意大利著名的海滨旅游区，这里不但拥有优美的自然风光，还有众多古老的人文景点，因此是世界上为数不多的、被联合国教科文组织评定的世界文化和自然双遗产。这片海岸阳光充沛，在蓝天白云的衬托下，遥望远方无边无际的蔚蓝大海，景色令人陶醉，是享受各种海岸美景的绝佳地点。海岸边陡峭的悬崖上到处开满九重葛和夹竹桃的鲜花，硕果累累的柠檬树和柑橘树布满悬崖的顶部，宛如空中花园。阿玛尔菲海岸怪石嶙峋，各种延伸到海中的栈桥都有着自己独特的魅力。乘船游览这片海岸可以感受大自然的巧夺天工与房屋建造者的独具匠心。

　　依山而建的阿玛尔菲小镇历史悠久，拥有众多独具魅力的古建筑。这些不同年代、不同款式风格、颜色各异的漂亮房子千姿百态，与屋后当地人种的满山的柠檬、橄榄树和葡萄等植物构成了一幅和谐统一的山海风情图。小镇里的古街修长狭窄，幽静的午后时分可以选择走在小道上，前往壮观的阿玛尔菲大教堂，感受那中世纪的古老风情。

20 巴里主教堂

● ● ● 巴里的标志性建筑　★★★★★ 赏

　　庄严肃穆的巴里主教堂建造于12世纪末期，是一栋极具哥特风格的建筑物，是巴里地区的主教所驻地。这座历史悠久的大教堂位于巴里的老城内，一直以来都是巴里的标志性建筑，四周都是古老的旧房屋，来到这里颇有时空倒错之感。巴里主教堂雄伟壮观，洁白典雅的外墙将这里渲染得与众不同，各种美丽的雕刻将这里装点得美轮美奂；教堂的主建筑具有鲜明的对称之美，漫步在教堂内可以感受到庄严神圣的气氛，保存完好的大玫瑰窗在阳光的照射下散发出绚丽的光芒；教堂的正殿内还有精美的塑像，这些由大师精心雕刻而成的塑像具有极强的艺术表现力和感染力；高耸的塔楼是巴里主教堂附属建筑物，内部由22根长柱分为三个部分，是通往古老的圣雷丘地下坟陵的必经之路；而安葬基督教圣人的圣尼古拉墓也位于教堂的地下室内，那里还有圣尼古拉的遗物等许多珍贵的物品。

Tips
- 📍 Piazza Odegitria　🕐 8:30—13:00，16:00—19:00

21 圣尼古拉教堂

基督教世界重要的朝圣地之一

★★★★ 赏

Tips
📍 Piazza San Nicolat　🕐 9:00—13:00，16:00—19:00

　　建造于11世纪的圣尼古拉教堂是纪念东欧守护者圣尼古拉的大教堂，这里不但是意大利罕见的东正教堂，而且在整个基督教世界也是极为重要的朝圣地之一。这座教堂修建于动荡的中世纪，不但气势雄伟，而且坚固异常，同时兼具教堂与城堡的双重功能，虽多次遭受围攻但都留存了下来。教堂内部的屋顶由坚固的花岗岩石柱支撑，雕刻着精彩图案的拱门也是由同一材质砌筑而成；正殿内供奉的神像庄严肃穆，具有鲜明的南意大利特色，阳光从五颜六色的彩窗中照射进来，更给这里渲染出一层神圣的氛围；教堂的博物馆内收藏着许多珍贵的物品，最著名的当属查理一世国王所捐赠的烛台，还有拜占庭帝国遗留下来的羊皮手稿；教堂内珍贵的马赛克步道是这一地区最早的马赛克步道，它用不同颜色的石块拼出几幅各有特色的图案，都是出自基督教传说中的人物和动物。每年12月6日与12月19日，这里都会举行盛大的活动以纪念圣尼古拉。

22 特拉尼主教堂

特拉尼的地标建筑

★★★★ 赏

Tips
📍 Piazza Duomo

　　毗邻大海的特拉尼主教堂始建于11世纪，其前身是一座圣母教堂，现今游人看到的建筑于13世纪中叶完工。一旁高59米的钟塔建于14世纪，整座建筑带给人和谐的美感。教堂内有22根立柱，将内部分割成3道长殿，可通往5世纪时修建的地下坟墓。

223

23 卡密内教堂

●●● 普利亚大区最负盛名的城市建筑之一

★★★★ 赏

Tips

📍 Piazza Duomo

建造于12世纪末的卡密内教堂是具有巴洛克风格的建筑，也是意大利普利亚大区最负盛名的城市建筑物之一。修建这座教堂的石料全部取自于当地，这些白色石料在阳光的照射下会显现出奇妙的粉红色，因而极具艺术美感。卡密内教堂位于海岸旁，是特拉尼著名的观光旅游景点，优雅的钟楼高高耸起，倒映在清澈的海水中，更显得卓尔不群。漫步在卡密内教堂附近，不但可以感受神圣的宗教氛围，还能体会到意大利那独特的浪漫情怀。

24 蒙特城堡

●●● 气势恢弘的古堡

★★★★ 赏

坐落在特拉尼郊区的蒙特城堡被称为"山上的城堡"，这座雄伟壮观的八角形堡垒是赫赫有名的神圣罗马帝国皇帝腓特烈二世所建造的。历经了几百年的风雨战火，这座堡垒基本上仍保持着当年威武的原貌，斑驳点点的墙壁仿佛在静静地诉说着过去的故事。这座城堡以哥特式的建筑风格为主，并融合了古罗马、诺曼和阿拉伯等多流派的建筑特点，是一个罕见的集实用性与艺术性于一身的城堡，因此也被选入了世界文化遗产。这座奇特的堡垒在8个方向设置了8座柱塔，每个楼层有8间客房，堡垒的中庭也是八角形的，这种奇特的建筑造型被誉为"中世纪军事建筑的杰作"。堡垒内部那雄壮的大理石柱现在只留下部分残骸供人凭吊。这座堡垒位于山巅，视野良好，在这里可以把四周优美的田园风光尽收眼底。这座堡垒的独特之处还在于它是一座没有吊桥和护城河的城堡，防御体系全部依靠坚固的城墙。

Tips

📍 Andria 🚌 由特尼拉乘长途巴士至安德利亚，后换乘当地公交车前往，不过此班公交车只有节假日才行驶，相关资讯可在特尼拉旅游服务中心询问

25 圣十字教堂

华丽的巴洛克风格建筑 ★★★★ 赏

圣十字教堂是修建于文艺复兴时期的巴洛克式建筑，它秉承了当时华丽的风格，又有鲜明的南意大利地域特色。这座历史悠久的教堂墙面与大门都极为华丽，上面刻绘繁复的花纹。教堂内外的那些精美装饰图案，都是用黄褐石雕刻而成的，这种产于莱切市郊的石料，会散发出奇妙的金属色泽，仿如古老的青铜器一般。6根光滑的圆柱支撑着教堂的檐部，上方是各种动物、植物以及怪诞的人像雕刻，它们簇拥在一个巨大的玫瑰窗周围，阳光从这五彩缤纷的玻璃中照射进去，给教堂内渲染出一种绮丽的氛围。教堂的大门处还有纤细的科林斯式圆柱，两侧的小门都刻绘了代表着古代王公贵族的族徽，同时也是纪念他们的功绩，侧门上方还有蓝色的小型玫瑰窗。教堂内的各种精美雕刻都是值得游客驻足欣赏的美景，它们的雕工精细。四周墙壁上胖胖的小天使极具艺术感染力，而那些由名家大师精心绘制而成的壁画是这里的又一名景。

Tips

V.co Saponea

26 圣彼得小教堂

早期拜占庭建筑风格的教堂 ★★★★ 赏

深藏在奥特兰托旧城区内的圣彼得小教堂位于狭窄的小巷内。这个位于街角的教堂虽然貌不起眼，却有着悠久的历史，建造于5世纪的它是南意大利地区最能代表早期的拜占庭建筑风格的房屋之一。这座教堂虽然修建时间很早，但是断断续续直到11世纪才彻底完工，因此圣彼得小教堂在保持主体建筑原有风格的同时，又吸收了阿拉伯、诺曼等不同流派的特点，因此极具独特的建筑美感，那饱经风雨而斑驳不平的外墙更带来了一层悠远的意境。圣彼得小教堂由4根长柱支撑着奇特的柱形圆顶，中间砌筑着独特的莱切石，独特的金属色泽让这座教堂更具有古朴的美感，主殿的周围还有3座小巧的半圆形房子。漫步进教堂内部可以看到多幅壁画，其中一幅描写耶稣与他的弟子们进行最后晚餐的壁画是拜占庭风格艺术的精品，栩栩如生的人物形象与华丽的背景更是惹人注意的焦点，而错落有致的罗马帝国时期的物品则是另一个看点。

Tips

Via San Pietro

225

27 卡罗五世城堡

● ● ● 文艺复兴时期意大利南部最重要的军事堡垒之一 ★★★★ 赏

Tips
📍 Viale XXV Luglio

历史悠久的卡罗五世城堡位于莱切古城的制高点，是文艺复兴时期意大利南部最重要的军事堡垒之一。这座独特的巴洛克式城堡，是由西班牙人所建造的，因此具有鲜明的伊比利亚建筑特点。卡罗五世城堡的城墙高大坚固，四角处各有一个圆形塔楼，是重要的防御支撑点。墙壁下的杂草青苔与城堡外侧随处可见的各种痕迹，无不让人联想起那金戈铁马的过去。从正门进入，首先要经过那匠心独具的吊桥，正门上方的八角形棱堡不但是控制吊桥起落的地方，还是监视城堡外围情况的重要场所；城堡的内部装饰极为简朴，这在充满华丽氛围的莱切是较为少见的，因此更彰显出这里与众不同的魅力；城堡内部的一部分房间被辟为博物馆，主要展出与这里相关的各种物品，还有收藏各种图书的图书馆，以及多座相关的研究室和展览会场。4门大炮安放在主堡垒周围，虽历经风雨的洗礼，但仍保持着当年英勇的身姿。

28 奥特兰托主教堂

● ● ● 奥特兰托城最著名的景点 ★★★★ 赏

Tips
📍 Piazza Basllica

历史悠久的奥特兰托主教堂是奥特兰托城最著名的景点，皆缘自这座教堂内部的地面用马赛克铺成的一幅巨大的"生命之树"图案，这幅独特的巨画是在12世纪晚期，由当时掌管这里的红衣主教邀请意大利与希腊诸多的艺术家联合创作而成的，展示了基督教神话传说中的著名场景。各种动物形象散布在树的四周，代表着黄道十二宫各星座环绕在外；树的主干则由一个个人物形象汇聚而成，这巧妙的景象极具宗教艺术感染力。阳光从蓝色的玫瑰窗中照射下来，更给这里渲染上一层神圣的光辉；教堂的地下室是由42根坚固华美的大理石柱支撑的，上面都刻绘着精美的图案；室内是教堂的图书馆，里面收藏着几个世纪以来奥特兰托主教堂所拥有的各基督教派的典籍，此外，还有许多珍贵的羊皮手抄稿。

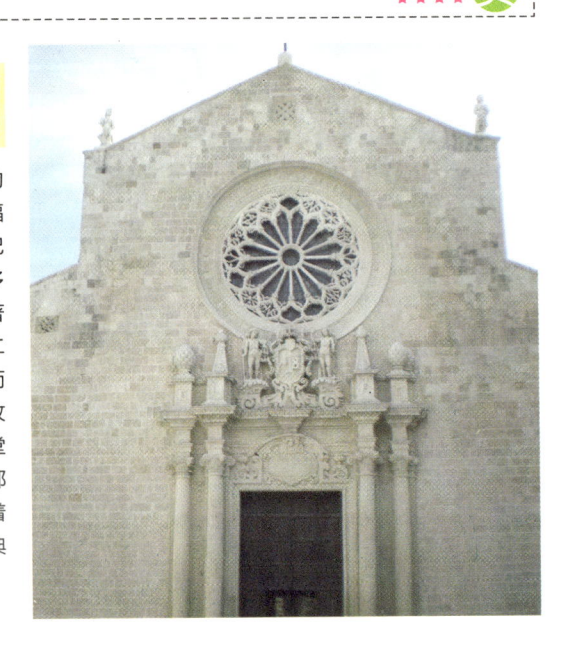

29 莱切主教堂广场

••• 南意大利最美丽的广场 ★★★★ 赏

Tips

Piazza del Doumo

　　主教堂广场是莱切古城中最负盛名的广场，又被称为"南意大利最美丽的广场"，四面均被独特的莱切巴洛克式建筑所包围，因此是欣赏莱切古建筑的最佳场所。这座广场历史悠久，于17世纪形成了现在这种如同火柴盒一般的奇妙局面。漫步在这空旷的广场上能感受到无与伦比的建筑美感：广场正面是著名的莱切大教堂，教堂庄严肃穆，具有独特的不对称之美；而那高达70余米的雄伟钟楼不但是这里的标志性建筑，也是建筑大师津巴罗的杰出作品，登上这座钟楼可以把莱切的美丽风光一览无余。

　　红衣主教宫殿位于大教堂右侧，正门华贵优雅，四周刻绘着与宗教有关的各种图案；楼下是由圆柱支撑的长廊；楼上则是用来欣赏风景的开放式阳台，这里也是主教堂广场通往外界的主要通道。神学院的建筑虽然没有莱切大教堂和主教宫殿华丽，但是它的庭院却给这个广场带来了一抹绿意。

意大利攻略　意大利其他

227

30 圣施洗约翰主教堂

典型的拉丁式建筑 ★★★★ 赏

Tips
📍 Via Roma 134　🕐 7:30—12:00, 16:00—19:30

位于拉古萨老城区中心的圣施洗约翰主教堂，是一座典型的拉丁式建筑，它建于18世纪中期，因此又带有部分哥特式的特色。教堂的主殿较长，两侧的耳廊较短，从高空俯瞰，宛如一个十字架般；教堂的左侧还有一个高耸的中塔，给这里带来独特的不对称之美；钟塔的上方则是哥特式的尖顶。圣施洗约翰主教堂的大门处不但刻绘着各种精美繁复的图形，还有多个形象生动的雕塑，这其中既有代表基督教传统的圣母怀抱圣婴的雕塑，也有圣施洗约翰的精美雕塑，这些雕塑表情丰富，反映出文艺复兴以后宗教艺术人性化的特点。教堂的内部竖立着一根根朴实的圆柱，它们都是由拉古萨地区独特的沥青石砌筑而成，分布在3道长廊旁边，教堂内部的天花板上刻绘着华美的图案，大都是取材于基督教神话传说中的人物与故事。

31 伊布拉旧区

拉古萨老城中最为繁华的街区 ★★★★ 赏

伊布拉旧区是拉古萨老城中最为繁华的街区，位于城市东部的一座山坡上，房屋错落有致，著名的圣乔治主教堂也在这里。这里的房屋具有后巴洛克风格的特点，它们排列在长长的登山阶梯两侧，层层叠叠，极具立体美感。这个街区内遍布着大大小小50余座教堂和许多巴洛克式的宫殿，建于18世纪的圣乔治主教堂是这里的核心景点，也是拉古萨城的地标式建筑，教堂中央遍布着3根一组的科林斯长柱，它们支撑着40余米高的巴洛克式圆形穹顶，场面极为壮观。伊布拉旧区是欧洲中世纪建筑保存较好的一个城市，这些古建筑具有罗马风格、哥特风格、文艺复兴风格和巴洛克风格，这些药房、教堂、修道院、古老而华丽的大公宫及壮观的钟楼簇拥在一起，为这个街区增添了无限光彩。伊布拉旧区的街道和街灯的外观也完好地保存了中世纪的形态，是适合悠悠漫步的地方。每到钟鸣时分，街区内的众多大钟同时响起，钟声回落在街区内外，悠扬悦耳，令人感慨万分。

Tips
📍 Piazza Duomo

32 阶梯圣母教堂
建于阶梯上的巴洛克式建筑 ★★★★ 赏

> Tips
> 📍 Santa Maria delle Scale

位于拉古萨新旧城区交界处的阶梯圣母教堂，因为建造在陡峭的阶梯之上而得名。这座教堂历史悠久，整体外观具有鲜明的巴洛克式风格。其大门处有细长的科林斯式石柱分布在两侧，屋檐上有精美的石刻雕像，那些活灵活现的人物都是取材于基督教神话传说。四周还有栩栩如生的各种动物和活泼可爱的小天使雕像。教堂的屋顶是新古典风格的穹顶，上面绘有精美的壁画，大厅里的廊柱古朴典雅，阳光从高处的彩窗照射进来，给圣母像平添一层神圣的光环。教堂大厅内的圣母像是这里的核心景点。圣像的表情慈祥，象征着圣母对人世间的关爱，至今仍是母亲们为自己的孩子祈求健康的地方。这座教堂内部还珍藏着不同时期、不同风格的油画，题材大都是以宗教文化为主，其中以圣母显灵使畸形孩子恢复健康为主题的画作最多。

33 卡塔尼亚鱼市场
卡塔尼亚的商业中心 ★★★★ 买

> Tips
> 📍 Via Garibaldi

卡塔尼亚鱼市场位于卡塔尼亚中心区的大教堂一侧、神学院的后方，是该城著名的商业中心。这个具有阿拉伯风格的市场是卡塔尼亚老城区中最具活力的地方，出售各种从地中海中捕捞出来的新鲜海产品，尤其以巨大的金枪鱼最为著名。巨大的金枪鱼长度近2米，那尖锐的上吻有半米长，各种奇妙的贝壳和海洋软体动物也是这里的名品，色彩缤纷的商品和鼎沸的人声交相呼应。卡塔尼亚鱼市场独特的一景是这里小贩们高亢的叫卖声——他们的声音雄壮浑厚，颇有些意大利歌剧的神韵在其中，再配上他们庖丁解牛般的利落手法，实在是一种美的享受。在这里还能品尝到意大利的各种海鲜美食，感受到意大利的热情氛围。

229

索引 INDEX

意大利攻略

A

Andrea海鲜老店	…054
Antica Enoteca di Via della Croce	…062
Antico Caffe Greco	…063
阿波罗神殿	…203
阿德里亚诺别墅	…093
阿尔法·罗密欧历史博物馆	…112
阿尔诺河老桥	…167
阿格里真托	…199
阿根廷剧院	…089
阿基米德广场	…204
阿蕾杜莎之泉	…206
阿玛尔菲海岸	…222
阿皮亚古道	…093
阿西西	…220
埃斯奎利诺广场	…046
安布洛其亚图书馆	…112
安康圣母教堂	…143
安托内利尖塔与国家电影博物馆	…217
奥古斯都墓	…064
奥林匹克运动场	…047
奥特兰托主教堂	…226

B

Babington's Tea Rooms	…061
巴贝里尼宫国家艺术馆	…056
巴贝里尼广场	…055
巴杰罗宫国家博物馆	…160
巴勒莫大教堂	…195
巴勒莫诺曼王宫	…194
巴勒莫四拐角	…197
巴里主教堂	…222
百花广场	…071
保罗·欧西考古学博物馆	…201
保罗喷泉	…083
比萨大教堂	…172
比萨大教堂广场	…173
比萨斜塔	…173
波波洛门	…062
波波洛圣母堂	…064
波尔迪·佩佐利美术馆	…115
波各赛美术馆	…047
博洛尼亚阿尔基金纳西奥宫	…210
博洛尼亚双塔	…211
布拉诺岛	…137
布雷拉画廊	…113

C

Checchino dal 1887	…044
菜园圣母院	…149

D

Da Baffetto	…070
达·芬奇科技博物馆	…115
大竞技场	…041
大运河	…131
但丁故居	…169
地下墓穴	…057
都灵城堡广场	…216
都灵大教堂	…217

F

法尔内塞宫	…074

法拉利广场	…190
梵蒂冈博物馆	…100
梵蒂冈花园	…101
佛斯卡利宫	…145

G

Giolitti	…073
感恩圣母堂	…110
葛拉西宫	…146
共和广场	…052
古罗马广场	…041
古希腊剧场	…207
国立古代美术馆	…045
国立古典艺术馆	…082
国立罗马博物馆	…075
国立那不勒斯考古博物馆	…183

H

哈利酒吧	…135
横路区	…181
黄金宫	…138

I

Ivo	…079

J

纪念墓园	…114
济慈·雪莱纪念馆	…065
加里波第大道	…189
阶梯圣母教堂	…229
金宫	…043
荆棘的圣母玛利亚教堂	…174
精品区	…116
旧驿站老餐馆	…142
君士坦丁凯旋门	…042

K

卡比托利欧广场	…088
卡波迪蒙美术馆	…185
卡拉卡拉浴场	…094
卡罗五世城堡	…226

卡密内教堂	…224
卡普里岛	…221
卡塔尼亚鱼市场	…229
克雷蒙纳	…122
奎里纳尔宫	…046

L

拉斐尔画室	…102
拉马尔特拉纳教堂	…195
拉文纳	…215
莱切主教堂广场	…227
雷雅托桥	…133
雷佐尼科宫	…142
里奥托桥畔市场	…143
利多岛	…135
领主广场	…158
流泪圣母教堂	…202
卢卡提诺	…080
罗马音乐厅	…048
罗马圆形竞技场	…040

M

马切罗剧院	…089
马西莫宫博物馆	…055
马西莫剧院	…198
曼托瓦	…121
美第奇-里卡迪宫	…163
美第奇礼拜堂	…164
美丽之岛	…207
蒙黛罗	…198
蒙特城堡	…224
蒙特里欧的圣彼得教堂	…083
蒙特拿破仑大街	…116
米格勒古老比萨屋	…183
米开朗基罗博物馆	…168
米开朗基罗广场	…167
米兰大教堂	…106
密涅瓦的圣母教堂	…075
摩尔人小广场	…134
墓园	…175
穆拉诺岛	…136

N

那不勒斯大教堂	…182
那不勒斯蛋堡	…185
那不勒斯地下世界	…182
那不勒斯王宫	…178
纳沃纳广场	…068
尼阿波利考古公园	…200

O

欧斯提亚古城	…095

P

Papa Giovanni	…074
帕多瓦	…153
帕尔马	…214
帕拉蒂尼山丘	…092
帕维亚	…120
庞贝古城	…221
佩吉·古根海姆美术馆	…144
佩克食品店	…119
佩鲁贾执政官宫	…219
佩鲁贾主教堂	…219
佩沙罗宫	…151
皮蒂宫	…166
品红酒吧	…120
品奇欧公园	…062
平民表决广场	…181

Q

奇迹圣母教堂	…064
奇迹圣母教堂	…134
骑士广场	…174
乔托钟楼	…156

R

热那亚港口	…191
热那亚君王宫	…188
热那亚圣洛伦佐教堂	…190
热那亚王宫	…189
人民广场	…060

S

Sebatini	…080
胜利圣母教堂	…053
圣阿格尼斯教堂	…071
圣艾尔莫城堡	…184
圣艾格咖啡小酒馆	…120
圣安布罗基奥教堂	…111
圣安德烈教堂	…075
圣安德烈街	…117
圣保罗大教堂	…049
圣保罗教堂	…150
圣彼得大教堂	…098
圣彼得广场	…099
圣彼得镣铐教堂	…044
圣彼得小教堂	…225
圣多明尼哥教堂	…213
圣方济会荣耀圣母教堂	…141
圣卡塔尔德教堂	…196
圣克莱门特教堂	…042
圣灵教堂	…169
圣卢西亚港	…183
圣路易教堂	…072
圣洛伦佐教堂	…111
圣洛伦佐教堂	…161
圣洛伦佐马乔雷教堂	…179
圣马蒂诺博物馆	…184
圣马可大教堂	…127
圣马可广场	…126
圣马力诺	…216
圣米利亚特教堂	…168
圣母百花大教堂	…157
圣母玛利亚大教堂	…053
圣母小广场	…140
圣尼古拉教堂	…223
圣奇拉教堂	…184
圣乔凡尼大教堂	…049
圣乔凡尼教堂墓窖	…201
圣乔凡尼与保罗教堂	…140
圣乔治·马乔雷教堂	…144
圣三一教堂	…065
圣莎比娜教堂	…081

圣山圣母教堂	…063
圣施洗约翰主教堂	…228
圣十字教堂	…161
圣十字教堂	…225
圣斯蒂法诺教堂	…213
圣特洛瓦索造船厂	…139
圣天使报喜广场	…160
圣天使城堡	…045
圣西罗球场	…114
时钟塔楼	…128
史皮卡大街	…118
斯巴达美术馆	…073
斯福尔采斯科城堡	…109
斯卡拉歌剧院	…108
斯拉夫人宫	…141
四泉圣嘉禄堂	…054
索伦托	…220

T

台伯河	…078
台伯利纳岛	…079
叹息桥	…132
特拉尼主教堂	…223
特莱维喷泉	…056
天使圣母玛利亚教堂	…054
图拉真广场	…087
土耳其人仓库	…147

W

瓦伦蒂诺公园	…218
万神殿	…072
王室别墅公园	…112
王室山	…197
威尼斯广场	…086
威尼斯海洋历史博物馆	…150
威尼托街	…057
韦奇奥宫	…158
维罗纳	…152
维契里亚市场	…196
维托里奥·埃马努埃莱二世拱廊	…107
文德拉明宫	…147

翁贝托一世大道	…206
翁贝托一世拱廊	…180
乌菲兹美术馆	…159
无垢圣母玛利亚教堂	…057
五渔村	…191

X

西班牙广场	…061
西米欧尼	…123
西斯廷礼拜堂	…103
西西里地方美术馆	…196
锡拉库萨主教堂	…205
锡拉库萨主教堂广场	…205
洗礼堂	…175
喜舍圣乔凡尼教堂	…195
新堡	…180
新圣母玛利亚教堂	…165

Y

耶稣教堂	…088
伊布拉旧区	…228
艺术学院美术馆	…139
艺术学院美术馆	…162
犹太人区	…148
越台伯的圣母玛利亚教堂	…082
越台伯河区	…083

Z

赞伯尼大道	…212
真理之口	…043
钟楼	…129
铸币厂	…129
总督府	…130

考拉旅行书目

攻略系列！

韩国	欧洲	日本	台湾	西藏	香港	德国
法国	美国	新加坡	西班牙	意大利	英国	

畅游系列！

韩国	美国	欧洲	台湾	泰国	香港
澳大利亚	德国	法国	日本	意大利	英国
北欧	加拿大	瑞士	西班牙	新加坡	新西兰
东南亚	希腊				

更多图书
敬请期待……

《意大利攻略》编辑部

编写组成员：

陈　永	陈　宇	崇　福	褚一民
付国丰	付　佳	付　捷	管　航
贵　珍	郭新光	郭　政	韩　成
韩栋栋	江业华	金　晔	孔　莉
李春宏	李红东	李　濛	李志勇
廖一静	林婷婷	林雪静	刘博文
刘　成	刘　冬	刘桂芳	刘　华
刘　军	刘小风	刘晓馨	刘　艳
刘　洋	刘照英	吕　示	苗雪鹏
闵睿桢	潘　瑞	彭雨雁	戚雨婷
若　水	石雪冉	宋　清	宋　鑫
苏　林	谭临庄	佟　玲	王恒丽
王　诺	王　武	王晓平	王　勇
王宇坤	王　玥	王铮铮	魏　强
吴昌晖	吴昌宇	武　宁	肖克冉
谢　辉	谢　群	谢　蓉	谢震泽
谢仲文	徐　聪	许　睿	杨　武
姚婷婷	于小慧	喻　鹏	翟丽梅
张爱琼	张春辉	张丽媛	赵海菊
赵　婧	朱芳莉	朱国梁	朱俊杰
高　虹	诗　诗	莎　莎	天　姝
郭　颖	晓　红	王　秋	艳　艳

图书在版编目（CIP）数据

意大利攻略/《意大利攻略》编辑部编著. —北京：华夏出版社，2016.1

（全球攻略）

ISBN 978-7-5080-8650-7

Ⅰ.①意… Ⅱ.①意… Ⅲ.①旅游指南－意大利 Ⅳ.①K954.69

中国版本图书馆CIP数据核字（2015）第259155号

意大利攻略

作　　者	《意大利攻略》编辑部
责任编辑	杨小英
责任印制	刘　洋
出版发行	华夏出版社
经　　销	新华书店
印　　装	北京华宇信诺印刷有限公司
版　　次	2016年1月北京第1版　2016年1月北京第1次印刷
开　　本	720×920　1/16开
印　　张	15
字　　数	200千字
定　　价	49.80元

华夏出版社　网址：www.hxph.com.cn　地址：北京市东直门外香河园北里4号　邮编：100028

若发现本版图书有印装质量问题，请与我社营销中心联系调换。电话：(010) 64663331（转）

考拉旅行　乐游全球